宮帯茶人ブックレット

松下幸之助

茶人・哲学者として

谷口全平
德田樹彦 著

宮帯出版社

真々庵 根源の社（山城寿美雄氏撮影）

真々庵 庭園

真々庵 茶室「真々」外観（山城寿美雄氏撮影）

真々庵 茶室「真々」点前座（一畳台目 向板入）
（淡交社刊『松下真々庵茶室集録』〔以後『茶室集録』〕より転載）

松下幸之助寄贈の全茶室

丸囲み数字は二四一頁表参照。

①京都美術倶楽部の「松庵」(昭和47年解体)板額(幸之助〔陽洲〕筆、京都美術倶楽部提供)

②岡公園(和歌山市)の「芦鶴庵」外観(和歌山市提供)

③高野山金剛峯寺の「真松庵」外観（高野山金剛峯寺 提供）

④辯天宗冥應寺（大阪府茨木市）の「智松庵」外観（辯天宗 提供）

⑤国立京都国際会館の
「宝松庵」外観
（国立京都国際会館 提供）

⑤「宝松庵」室内
（同上 提供）

長生殿裏春秋富

⑥**中尊寺**(岩手県平泉町)**の「松寿庵」外観**(中尊寺 提供)

⑥**「松寿庵」室内**(『茶室集録』より転載)

⑦ 大阪城西の丸庭園の「豊松庵」外観（大阪城パークセンター 提供）

⑦「豊松庵」室内（同上 提供）

⑨ホテルプラザ（大阪市）の「廣知庵」室内

⑧四天王寺（大阪市）の「和松庵」外観
（『茶室集録』より転載）

⑧「和松庵」室内（『茶室集録』より転載）

⑩和歌山城紅葉渓庭園の「紅松庵」外観（和歌山市提供）

⑩「紅松庵」室内（同上提供）

⑪椿大神社（三重県鈴鹿市）の「鈴松庵」外観（椿大神社提供）

⑫追手門学院大学（大阪府茨木市）の「松籟庵」外観

⑬辯天宗如意寺（奈良県五條市）の「和幸庵」外観（辯天宗 提供）

⑬「和幸庵」室内（同上 提供）

⑭**古峯神社**（栃木県鹿沼市）**の「峯松庵」外観**（古峯神社 提供）

⑭**「峯松庵」室内**（同上 提供）

⑮伊勢神宮の「霽月」外観（神宮司庁 提供）

⑮「霽月」の懸造り（同上 提供）

松下幸之助が使った道具

千家名物 **金海州浜形茶碗　銘「藤浪」**（鹿苑寺蔵・承天閣美術館 提供）
「光悦会」（昭和34年・昭和50年）で使用

銘は青白色を基調とする釉調からと思われる。薄く州浜形に作るが瑕(きず)のない完品。腰から下や見込に薄い赤色がほのかに見え、ところどころに薄紫や鼠色の染み模様があり、また高台脇にピンホールが散っており、極めて変化に富んだ茶碗である。

藤浪　左（花押）
宗旦所持

同右高台と箱書（千江岑宗左書付）（『大正名器鑑 第八編』より転載）

隠心

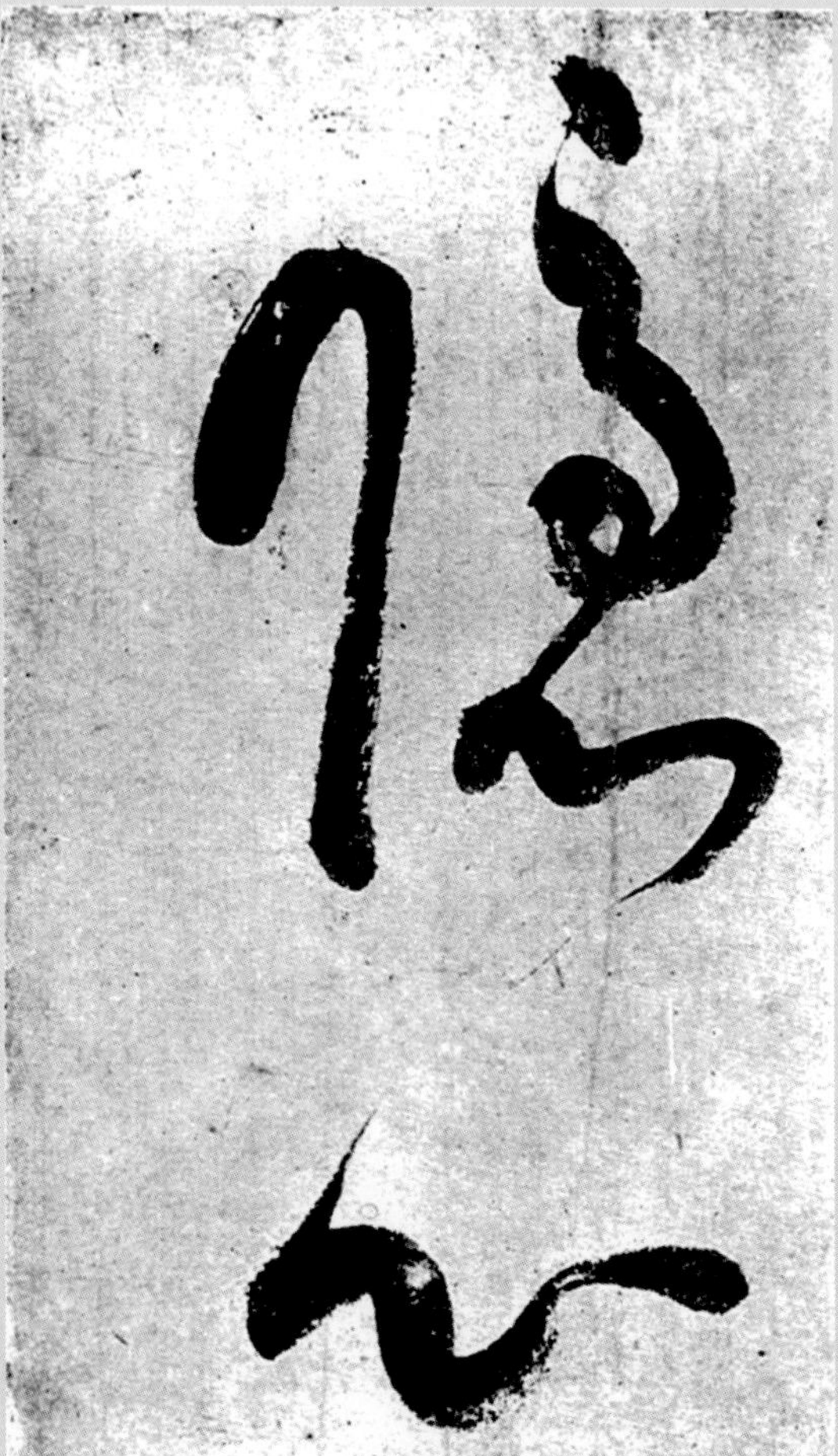

夫々
志部

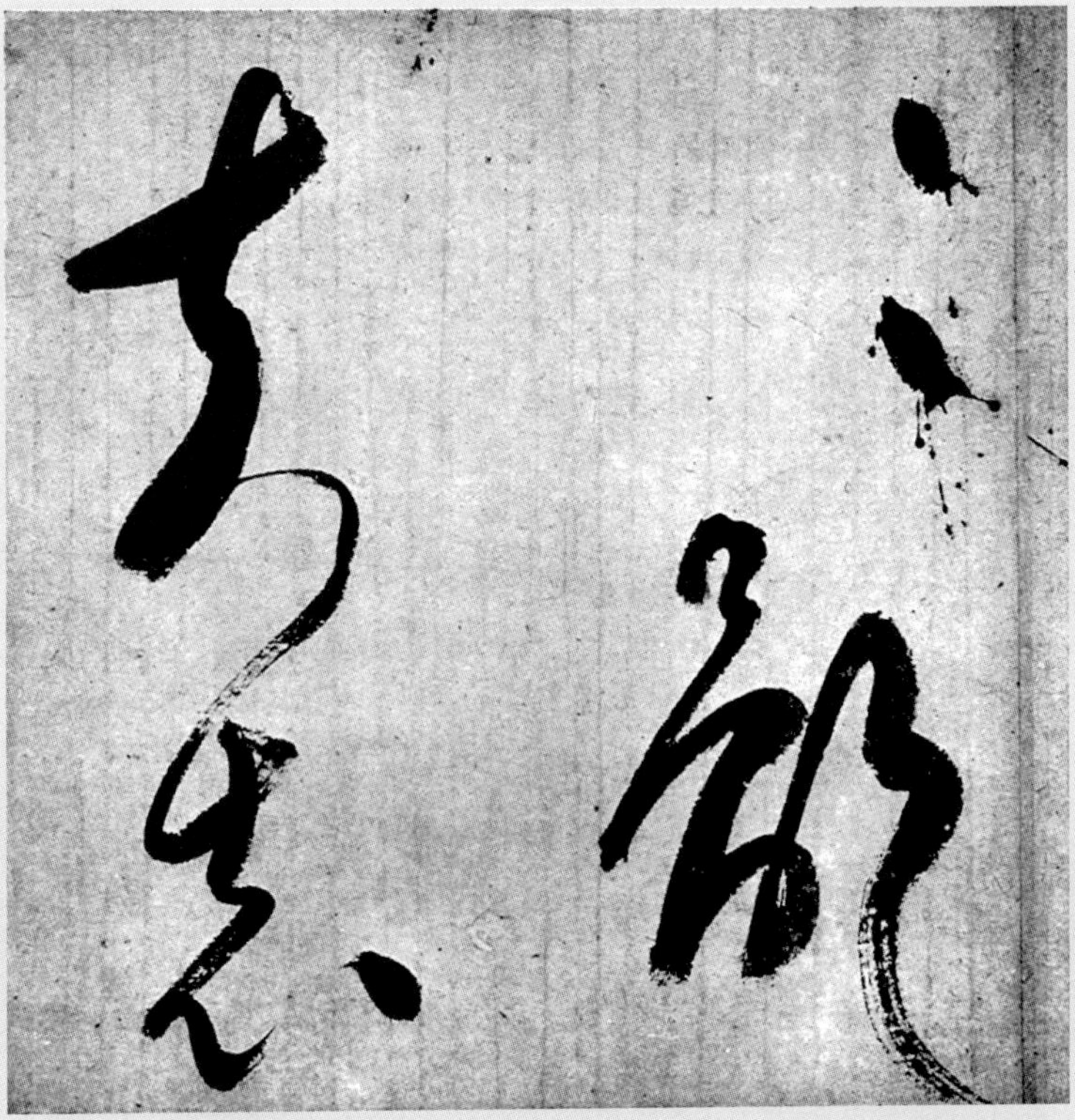

重文 大手鑑の弘法大師筆「崔子玉座右銘」の二葉

（『続 双軒庵美術集成図録』〔東京美術倶楽部、1933〕より転載）

京都美術倶楽部の創立70周年・100周年名品展に松下幸之助が貸与

三冊からなる手鑑帖（第一帖 93葉／第二帖 99葉／第三帖 101葉）で、弘法大師の「崔子玉座右銘断簡」のうちの2葉6字の他、「元暦万葉集」の8葉などが収められる。極めて貴重なもので、それゆえ、上記両展覧会いずれの図録でも1番目に掲載されている。

秋部
時雨　露　山
水　紅葉　菊
鴈
時雨
亭子院歌合
はつしくれふるほともなくさ
ほやまのこす
ゑあまねくいろつきにけり
□（露カ）
はつかりのねをのみそきくを
くらやまきり
たちはる、ときしなけれは
かはきりのふもとをこめてた
ちぬれはそ
らにそあきのやまはみえける

名家家集切　坂上是則　伝紀貫之筆

（『香雪斎蔵品展観図録』〔大阪美術倶楽部、1934〕より転載）

「光悦会」（昭和34年・昭和50年）で使用

「名家家集」とは、藤原兼輔・藤原興風・源公忠・坂上是則・在原元方・清原深養父の家集をまとめた和歌集で、元は冊子本であったと思われるが、現在は断簡が11葉残るのみである。本品はそのうちの『是則集』の秋の部の冒頭である。

大名物 唐物文琳茶入 銘「酸漿文琳」（『大正名器鑑 第二編』より転載）
「少庵三百五十回忌大茶会」（昭和38年）で使用

徳川家康が臨終の際に酒井忠世に下賜したもの。銘はその形状と、艶のある黒釉の中に柿色の竪の斑のある釉調から。丸みを帯びた肩に、胴が張り、裾が窄まる。「気品高尚」な名品として知られる。

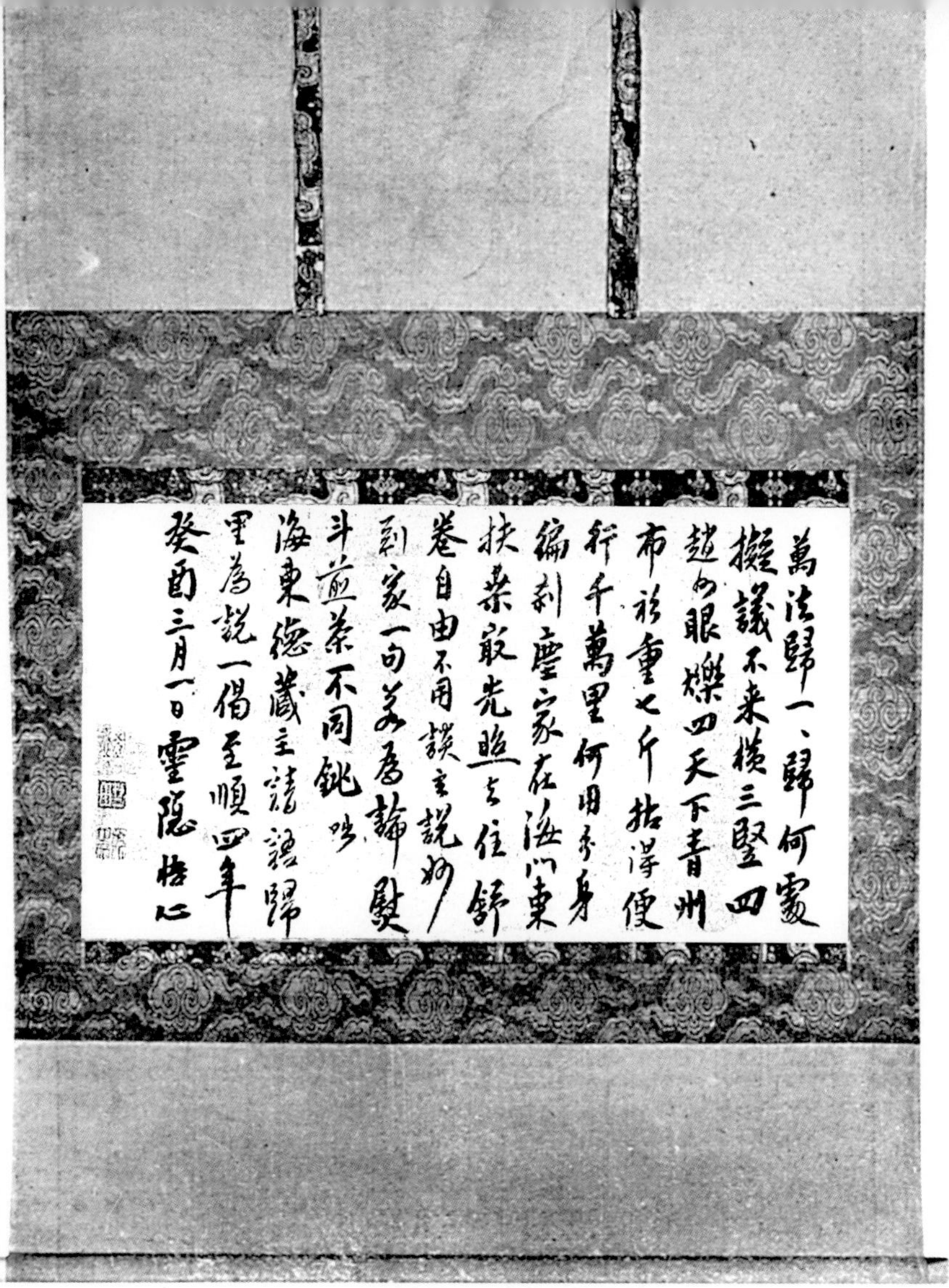

墨蹟　竺田悟心筆

（『松平大和守御蔵品入札』〔東京美術倶楽部、1919〕より転載）

「無限斎碩叟居士一周忌大茶会」（昭和40年）で使用

竺田悟心は、中国元時代の禅僧。愚極邦慧に学び、圓通寺の住持であったが、生没年も含めてその伝は詳らかでない。その書は現在、京都の鹿苑寺（金閣）と大阪の正木美術館が所蔵する2点が重要文化財に指定されている。

中興名物 瀬戸小川手茶入 銘「小川」(本歌)

(『大正名器鑑 第四編上』・『本入札』〔大阪美術倶楽部、1929〕より転載)

「光悦会」(昭和40年)で使用

小川手の本歌。銘は、茶人小川宗貞にちなむとも、6筋のなだれを小川に見立てたともいわれる。高橋箒庵は本品について、重厚でありながら威圧感がないと評し、「無限の雅致を含み、自(おのず)から一方の本歌たる特長を見る」と賞賛している。

みつね
道志らはたつね
も遊かむもみち
はをぬさとた
むけて秋は
いにけり

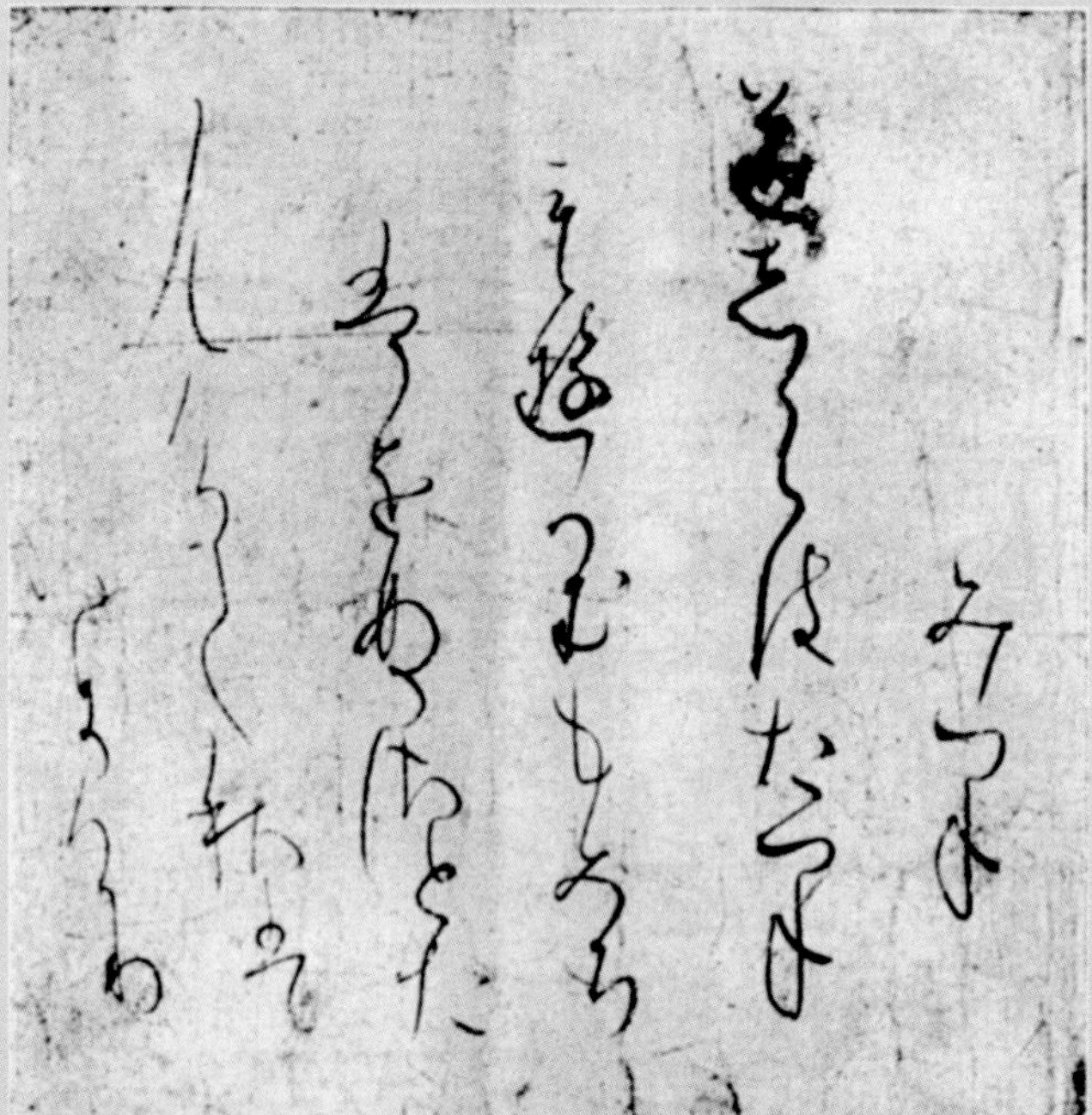

重要美術品 寸松庵色紙 凡河内躬恒 伝紀貫之筆

(『兵庫柏木氏蔵品第一回入札』〔大阪美術倶楽部、1913〕より転載)

「光悦会」(昭和46年)で使用

『古今集』所収の四季の和歌を抜き書きしたもので、粘葉装冊子の断簡。三色紙の一つに数えられる。名は、江戸時代前期の茶人佐久間将監(真勝)が、大徳寺寸松庵で愛蔵したことに由来する。典麗高雅、散らし書きの絶品と評される。柏木家伝来。

中興名物 **瀬戸玉柏手茶入 銘「増鏡」**

（『大正名器鑑 第四編下』・『松浦伯爵家並某家蔵器展観入札』〔東京美術倶楽部、1934〕より転載）

「光悦会」（昭和46年）で使用

玉柏手に分類される瀬戸茶入だが、本歌に比べて胴のくびれが少ない。銘は『拾遺集』の「増鏡手にとりもちて朝な々々みれとも君にあくときそなき」から、小堀遠州がつけた。翁手の「増鏡」茶入共々、松平不昧の収集品の一つである。

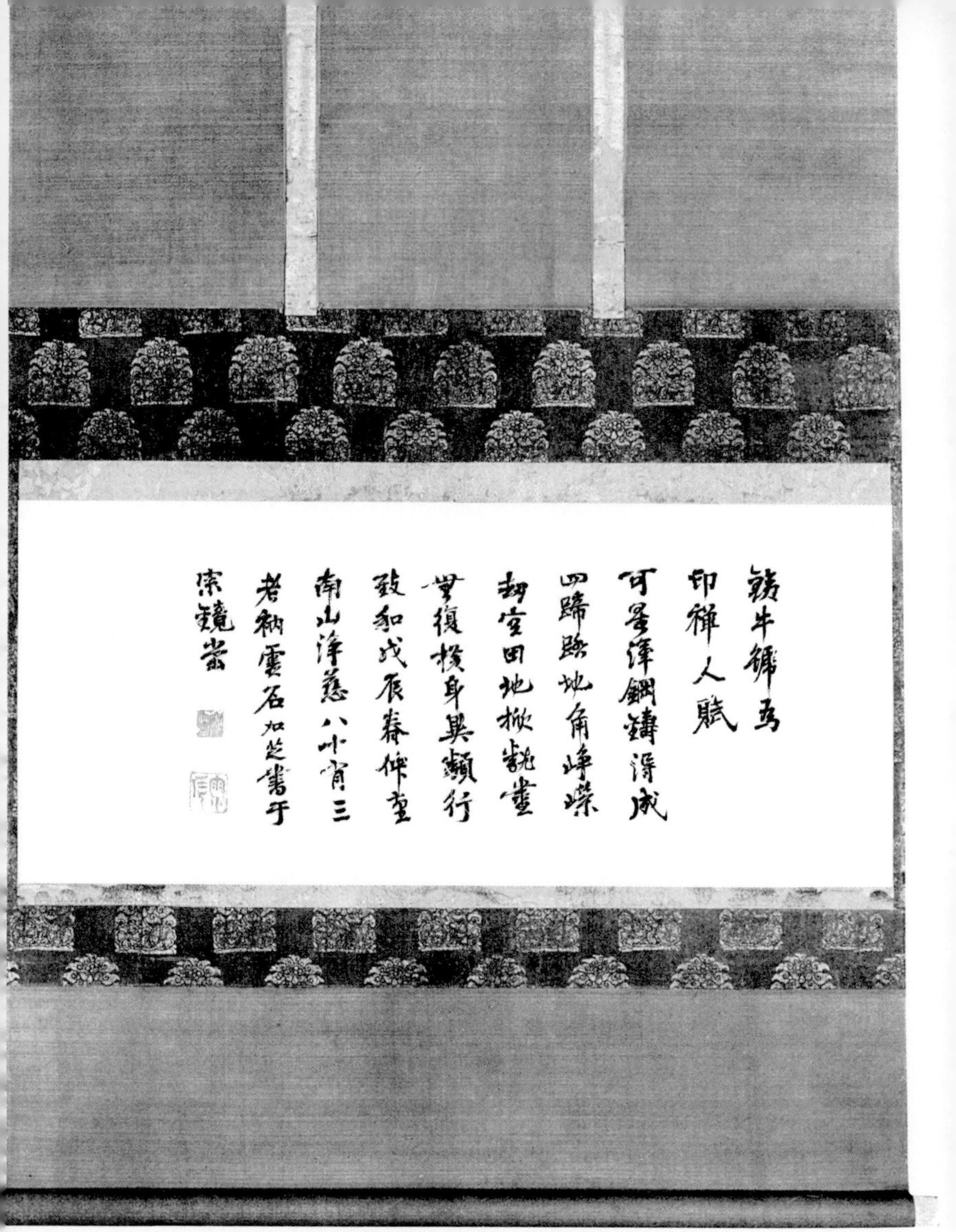

重文 墨蹟　霊石如芝筆

(『鴻池男爵家蔵品展観目録』〔大阪美術倶楽部・東京美術倶楽部、1940〕より転載)

「無限斎碩叟居士十七回忌報恩茶会」(昭和55年)で使用

霊石如芝は、中国の南宋時代末から元時代中期にかけての禅僧。別号は仏鑑禅師。虚堂智愚の晩年の門人で、一山一寧とは同郷である。五山の一つである杭州浄慈寺などの住持を務め、百歳近くまで長寿を保ち、日本からも大勢の僧が参禅した。

はじめに

徳田樹彦

私が初めて松下幸之助の顔を見たのは、松下電器（現パナソニック）に入社した昭和四十三年（一九六八）の時、声を聞いたのは四百二十名の新入社員を前にしての訓話の時でした。

少し早口の大阪弁で、ほんの数人に話しかけるような口調でした。その時の「諸君が松下電器に入ったのは運命である」「素直な心で仕事をして下さい」という二言は、不思議なことを言われると印象に残っています。

最初の配属はテレビ事業部でした。直接幸之助から指示を受けたことはありませんが、上司は常にピリピリしていました。

ある商品企画会議の議題がデザインに及んだ時のこと、テレビのモデルを見ながら突然

「人間の顔は皆同じ位置に目と耳口鼻があるが、世界で何億人もいる一人一人の顔が識別できる。その中でも万人に美人や、美男子やと認められる人がいるだろう。そんなテレビを作ってほしい」と発言し、結局デザインは一からやり直し。少しの妥協も許されませんでした。

話は変わりますが、私は一時体調を崩し、一年間程松下病院に入院していました。その間、毎月一日になると、三越百貨店の包装紙の果物が届きました。メロン、マスカット、苺など、その季節ごとの高級品で、とてもおいしいものでした。それは会社関係者などの区別なく入院患者全員に届き、「早く良くなってください――松下幸之助」という手紙が入っていました。

その時からです、仕事ではあんなに厳しいのに、それとは全く違う一面の人間松下幸之助に興味が湧いたのは。

そして平成十二年(二〇〇〇)、京都南禅寺にある幸之助所縁の真々庵の担当になりました。幸之助はすでに他界していましたが、真々庵の各所には人間幸之助が詰まっていました。一木一草から声が聞こえるようでした。

それは経営や会社、松下病院でとはまた違った、思索家としての姿でした。そしてその思索の中核に「素直な心」があり、「茶の湯」はそのための最も大切な時間だったのです。

幸之助は、名物茶道具にこだわった近代の茶人の中では稀有な存在です。いわば千宗旦が身の回りにあった粗末な道具を使って、求道ともいえるお茶をしたような感じだと思います。

確かに幸之助は名物の茶道具を持っていました。でもそれは、文中にも書きましたように、社会的責任が主であり、茶道具のことは出入りの古美術商に任せていました。それらの名物茶道具をもって、自らお茶を楽しんだこともありません。そのすべてを把握してもいなかったでしょう。お茶会についても同様で、裏千家から依頼の添え釜でもその古美術商に「あんじょうやっといて」と任せっきりで、自分が席主として出てくることもありませんでした。

私は生身の幸之助をほとんど知りません。故に一層素直に幸之助の精神に触れることができたのではないかと思っています。

経営者、事業家としての幸之助が書かれた本は数多ありますが、思索家としての、そして茶の湯をこよなく愛した姿はほとんど知られていません。今回この本で、知られざる茶人松下幸之助を少しでもお伝えすることができれば幸甚に存じます。また、長年幸之助の側にあって、その思索や出版を助けられた谷口全平氏と著を共にできますのは、私にとって望外の喜びであります。

碧窓庵にて

松下幸之助——茶人・哲学者として　目次

松下幸之助の茶の湯と真々庵──素直な心を求めて（徳田樹彦）

・松下幸之助および真々庵の写真は、著者自ら撮影したものを含めて、著者から提供を受けた。
・「松下幸之助寄贈の全茶室」編集に際しては、淡交社編『松下真々庵茶室集録』（淡交社、一九七六）に収録された写真を多数転載させていただいた。同書刊行元淡交社、ならびに収録写真撮影者の故葛西（くずにし）宗誠氏に心から御礼申し上げる。

茶人・哲学者としての松下幸之助――ＰＨＰ運動と茶の心

谷口全平

終戦直後のＰＨＰ昂揚国民文化大茶会

ご案内

桜雲靄々《おううんあいあい》弥生の好季節、心なき鳥すらも友呼びかはすにひとり茶の湯の道のみ好事の天地に跼蹐《きょくせき》するは採らず、ひろく公衆に友を求め茶道の真髄を伝へねばならぬいま、新しく提唱されて居りますＰＨＰ運動の「繁栄によって平和と幸福を」求めようとする考へ方は、心に雑念を去り身に能率的な所作をつけて、生活に合理的な豊かさを持ちたい茶道の立場からも心から同感出来ると存じます。

この意味からこのたび左記によりPHPを協賛する大茶会を催し皆様一日の御清鑑《ごせいかん》をお待ちすること、致しました。緑風桜花に丹葉をまじへ萬里荘《ばんりそう》の風情も一入《ひとしお》と存ぜられますので是非の御枉駕《ごおうが》を御願申上げます。（傍点・ルビ筆者）

社団法人大阪茶道会

PHP昂揚　国民文化大茶会

後援　大阪府　大阪市
日時　四月二十六・二十七日（土・日）九時〜四時
会場　北河内郡枚方町　萬里荘（京阪枚方西口下車山手二丁）

PHP昂揚大茶会

先の案内状にあるように、昭和二十二年（一九四七）四月二十六、二十七の両日、大阪茶道会（矢野宗粋《そうすい》理事長）は大阪府枚方《ひらかた》の萬里荘で

ＰＨＰ昂揚のための大茶会を催した。両日は快晴に恵まれ、招待客約百人、一般客約六百人、計約七百人が野点《のだて》で、あるいは表、裏、武者小路の各千家の茶席で、そして煎茶の席で茶を楽しんだが、松下幸之助（一八九四〜一九八九）はそこで、茶会に参加した人たちを前に、ＰＨＰ研究所が目指すところを、六回、それぞれ約一時間にわたって訴えた。

幸之助とＰＨＰ運動

日本に大きな災禍をもたらした太平洋戦争が終わったのは昭和二十年（一九四五）八月十五日、そして松下電器（現パナソニック）グループの創業者・松下幸之助がＰＨＰ研究所を設立し、ＰＨＰ運動を起こしたのがその翌二十一年（一九四六）十一月三日のことであったから、終戦から二年もたたない、社会がまだ混沌《こんとん》としていたときである。大阪茶道会がなぜこのようなときにＰＨＰ運動に協賛し、「ＰＨＰ昂揚」とうたって大きな茶会を催したのか。今となっては、どういういきさつでこの大茶会が催されたのかは定かではないが、幸之助が起こしたＰＨＰ運動とはどのようなもので、どんな願い、思いを持っていたのか、また幸之助が茶道とどのように関わり、何を期待していたのか、さらに、茶の湯を生み出した日本精神、日本文化についてはどうなのか、そんなことを考えていきたい。もとより筆者は茶の素養も知識もない。しかし、幸之助が平成元年四月二十七日、九十四歳でその生涯を閉じるまで、晩年の二十四年間に

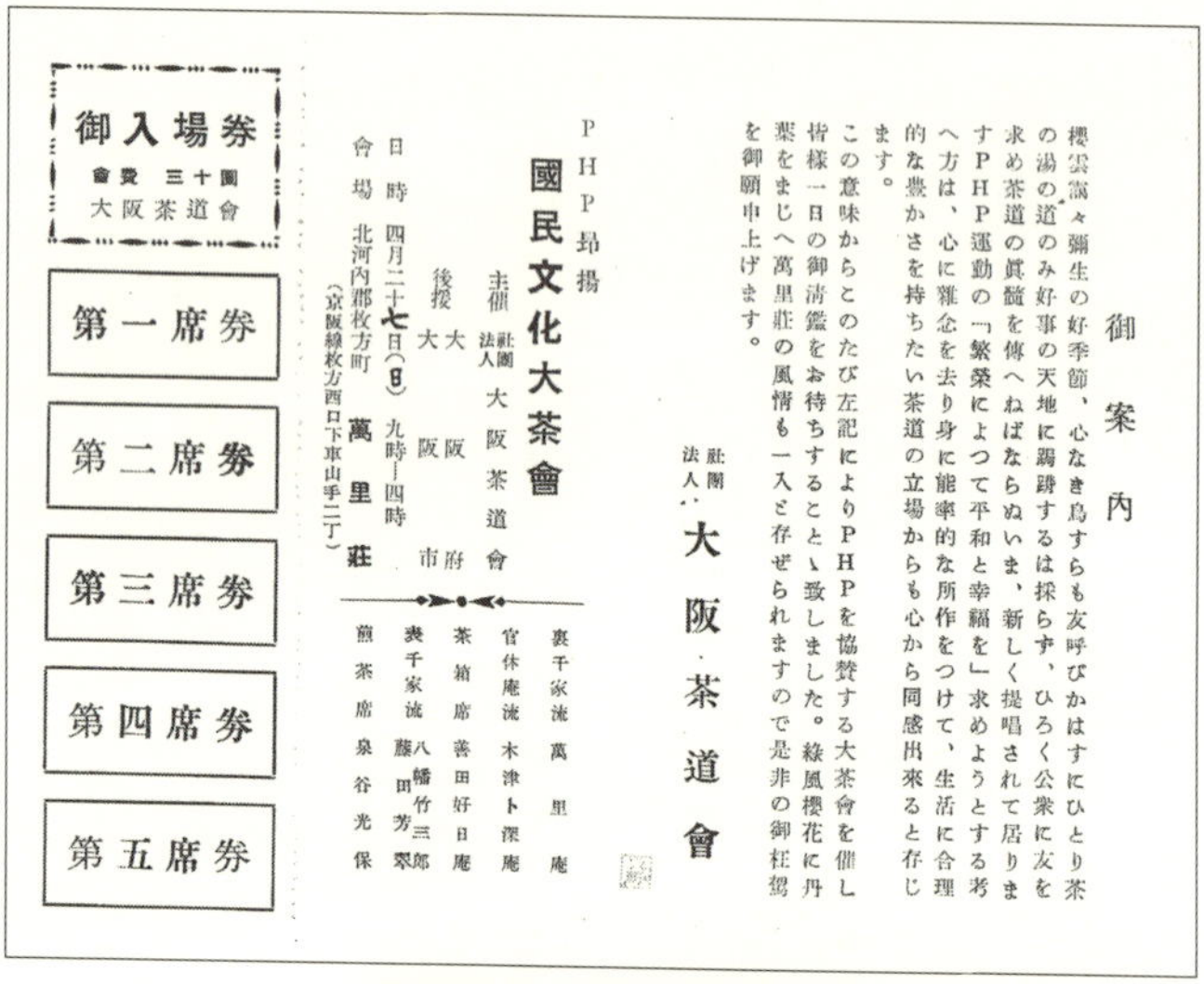

御案内

櫻雲靄々彌生の好季節、心なき鳥すらも友呼びかはすにひとり茶の湯の道のみ好事の天地に跼蹐するは採らず、ひろく公衆に友を求め茶道の眞髄を傳へねばならぬいま、新しく提唱されて居りますＰＨＰ運動の「繁榮によつて平和と幸福を」求めようとする考へ方は、心に雑念を去り身に能率的な所作をつけて、生活に合理的な豊かさを持ちたい茶道の立場からも心から同感出來ると存じます。

この意味からこのたび左記によりＰＨＰを協賛する大茶會を催し皆様一日の御淸鑑をお待ちすることゝ致しました。綠風櫻花に丹葉をまじへ萬里莊の風情も一入と存ぜられますので是非の御枉駕を御願申上げます。

社團法人 大阪茶道會

ＰＨＰ昂揚
國民文化大茶會

主催 社團法人 大阪茶道會
後援 大阪府
大阪市

日時 四月二十七日（日）九時—四時
會場 北河内郡枚方町 萬里莊
（京阪線枚方西口下車山手二丁）

裏千家流 萬里庵
官休庵流 木津卜深庵
茶箱席 善田好日庵
表千家流 八幡竹三郎
藤田芳翠
煎茶席 泉谷光保

御入場券
會費 三十圓
大阪茶道會

第一席券

第二席券

第三席券

第四席券

第五席券

国民文化大茶会の案内状

国民文化大茶会煎茶席（正客が幸之助）

ＰＨＰ研究所において、比較的身近に幸之助の言動に触れることができた。その体験からも、「ＰＨＰ運動と茶の心」についてまとめておきたいと思ったのである。

かつて、アメリカの『ライフ』誌は松下幸之助と松下電器を取り上げ、幸之助を、最高の産業人（Top Industrialist）、最高所得者（Biggest Money-Maker）、哲学者（Philosopher）、雑誌発行者（Magazine Publisher）、ベストセラー作家（Best-selling Author）と、五つの顔を持つ人物と紹介したことがあるが、今回は産業人としてではなく哲学者の部分に焦点を当てることになる。

茶の湯との出会い

萬里荘の田中太介氏

幸之助がお茶と関わりを持ったのは、「ＰＨＰ昴揚　国民文化大茶会」が行われた萬里荘においてであった。もともと萬里荘は田中車輛㈱社長・田中太介《たすけ》氏の所有で、山を含めた約四千坪（約一万三千二百平方メートル）の広大な邸宅であった。田中氏は明治九年（一八七六）生まれ、幸之助より十八歳年上で、大正九年（一九二〇）、兵庫県の尼崎市で「田中車輛」（昭和二十年十一月、近畿日本鉄道㈱に経営権

萬里荘の茶室「松籟亭」（公益財団法人蘭島文化振興財団提供）
現在は呉市に移築されている。

を譲渡、近畿車輛㈱となった）を創業、大を成した経営者であった。その田中氏が、強い信念を持って活躍する幸之助に早くから注目し、大阪工業会の常議員に推薦するなど何かと支援をしていたという。

昭和十二、三年のことである。萬里荘でお茶会が行われた。そこにたまたま幸之助も呼ばれていたのだが、若くして成功している経営者ということで、正客の席に誘われた。しかし、阪急電鉄の小林一三（逸翁《いつおう》）氏などから、「お茶くらいたしなんでおいたほうがよいよ」と言われていたものの、幸之助はお茶のたしなみがなく、恥ずかしい思いをする結果となった。田中氏から、「松下はん、商売だけではいかんで。日本文化も知らなあかん」と言われ、田中

小林一三（逸翁）
（向山建生氏提供）

氏の紹介で、その席に来ていた裏千家矢野宗粋氏に茶道を習い、京都の茶道具商・善田《ぜんた》昌運堂社長、善田喜一郎氏に道具を世話してもらうことにしたのであった。

淡々斎の弟子として

昭和十四年（一九三九）、幸之助が兵庫県西宮市に、十二年に着工し建設を進めていた自宅・光雲荘が完成した。その茶室「光雲」の茶室開きに、幸之助は裏千家十四代家元・淡々斎宗匠夫妻を招いた。これが、幸之助が正式な茶事を行なった最初であった。幸之助は、このときのことをこう記している。

> 茶を習ったといっても、もとより本式ではなく、茶の精神も、点前も作法もまことに未熟なものであったので、人を招き、その上茶道の家元を客にお迎えするということは、一大事ともいうべき出来事であった。万事はお茶の先生におまかせし、私はあやつり人形のようなもので終始したものである。当時宗匠は四十五歳くらいで、すでに

大宗匠としての風格を備えておられたように記憶する。亭主役として私はおそるおそるお茶をたてたのであるが、接してみて肩の荷がおりたような暖かい感じがした。家元といういかめしさはどこにもなく、場の雰囲気をうまく作られて、その場を穏やかに誘導される……その姿が極めて自然で滋味あふれるものがあり、四時間にわたる行事やお話の間に、私は素人ながら茶の精神というものを、おぼろげながら知ったのである。(1)

これ以降、幸之助は淡々斎宗匠を師と仰ぎ、また一つ年上の尊敬する友として、親交を重ねることになる。

昭和三十三年（一九五八）十一月、裏千家で家元淡々斎により老分《ろうぶん》推戴の式がとり行われた。そこで幸之助は裏千家の老分職につき、同時に茶名「宗晃《そうこう》」を受けている。ちなみに老分とは、会社でいえば、非常勤の取締役といったところであろうか。

真々庵・ＰＨＰ研究所

真々庵という職場

筆者が初めて松下幸之助と接したのは昭和三十九年（一九六四）七月二十一日のことであった。大学を卒業して就職先に選んだのが松下電器で、新入社員のための約三ヵ月間にわたるショップ店（松下電器製品の専売店）での販売研修の後、同期の仲間たち約四百人とともに、幸之助の会長としての講話を遠くから聴く機会があった。そのときのことはあまり詳しく覚えてはいないが、ただ、「皆さんはご両親や親戚、あるいは知り合いや友人にいい会社に入ったと言っているだろうか。もちろん悪いところもあるかもしれない。けれどいいところもたくさんある会社だと思う。その点を見つけてぜひ口に出して言ってほしい。そうするとご両親は喜び安心されるだろうし、知り合いや友達は『そんなにいい会社ならぜひ製品を買ってみよう』ということになるに違いない。世の中とはそのようなものなのだ」という話だけがなぜか印象に残っている。しかし、そのときはまだこの創業者の傍で仕事をすることになるとは夢にも思わなかった。

その後、門真《かどま》の変圧器事業部でまた三ヵ月の工場実習を終え、正式な配属式は晩秋の十一月二十八日のことだった。どこに配属されるのだろうかと心配していると、人事本部というこ と。人事本部に行く人たちが集められた部屋に行くと、「君は松下幸之助会長がやっておられるPHP研究所に出向してもらうことになった。創業者の傍で三、四年勉強するのもいいいんじゃないか」と言われ、連れていかれたのは京都東山山麓《さんろく》にある幸之助の別邸、真々庵《しんしんあん》であった。真々庵は約千五百坪（約五千平方メートル）、数寄屋《すきや》づくりの建物と東山を借景にした池泉回遊式の庭で成り立っていて、そこがPHP研究所の本部であった。

庭は明治から昭和にかけて活躍した名作庭家・七代目小川治兵衛《じへえ》の手になるもので、幸之助がある財界人から購入したときにはかなり荒れていた。それを、池を広げたり、灌木《かんぼく》を間引き杉の木を植え、そこに白砂を敷いたり、根源の社《やしろ》や新しいお茶室をつくったり、自分好みに手を入れ、変えている。

真々庵に着いたのは午前十一時くらいだったろうか。上司に挨拶《あいさつ》して言われたのは、「今日は落ち葉が多いから、君には一日掃除をしてもらう」ということだった。確かに苔《こけ》の上にも砂利の小路にも、たくさんの紅葉や木々の葉が散っていた。その日は、竹ぼうき、塵取《ちりと》り、竹かごを持ち、作務衣《さむえ》を着て、終業時まで日がな一日掃除をすることとなった。終わって、「ご苦労さん。今日は帰ってよろしい」と言われたときには、それまで工場や営業所、あるいは本社のオフィスで仕事をすることになるとばかり思っていただけに、違和感を覚えたものである。

繁栄・平和・幸福

幸之助が、「繁栄によって平和と幸福を」（Peace and Happiness through Prosperity）をスローガンに、ＰＨＰ研究所を設立したのは、先に述べたように、終戦からわずか一年三ヵ月後のことであった。ちなみに、「ＰＨＰ」は英語のスローガンの頭文字をとってつけたものである。

幸之助は、「苦労と難儀は違う。自分は前途に希望をもっていたから苦労はしなかった。しかし、難儀をしたことはある。それは昭和四年（一九二九）の世界大恐慌のとき、太平洋戦争直後の極度に混乱した時期、そして、昭和三十九年から四十年にかけての不況時、この三つだ」とよく言っていたが、客観的に見れば、やはりいちばん大変だったのは戦争直後の混乱期であったろう。

幸之助が大正七年（一九一八）、二十三歳のとき、妻・むめのとその弟・井植歳男《いうえとしお》（後に三洋電機を創業）の三人で創業した松下電器は、さまざまな苦難と直面しながらも順調に発展してきた。しかし、戦況が厳しくなる中で、軍部から船や飛行機などの製造を頼まれ協力したが、敗戦によってその投資はまったく無駄になり、借金だけが残ってしまった。戦前数えれば二千万円あった個人の財産も、マイナス七百万円になっていた。

終戦の詔勅を聴き、無念さにしばらくは顔もあげられなかったというが、次に起こった感情は「これはもうしようがない」という諦めであった。「負けた以上は悔やんでいてもしようがない。これからは本来の平和産業を本格的に興して、日本を立て直さなければならない。生活必需品の生産に全力を集中しよう。それがわれわれに課せられた使命だ」と思い直し、従業員とともに立ちあがろうとした。しかしその矢先、日本に進駐してきた連合国軍によって資材の凍結命令が出され、思うように生産ができなくなった。仕事がしたくてもできないほど苦しいことはなかった。その上、戦争に加担したということで、GHQ（連合国軍総司令部）より公職追放や財閥家族の指定等、七つの制限を受けることとなった。

世の中を見れば、人々は食べるに食糧がない、着るに着物がない、住むに家がないというような悲惨な状況の中で呻吟《しんぎん》していた。ある猟師が山に飛ぶ鳥を捕まえて解剖《かいぼう》したところ、胃に十分な食べ物が入っていた。そうしたニュースを聞くにつけ、幸之助の心に疑問が湧きあがってきた。

四天王寺におけるPHP婦人友の会結成準備会

西本願寺での講演

これが万物の霊長といわれる人間の姿なのか。いや、そうではあるまい。人間には本来、繁栄、平和、幸福を招来する能力、本質が与えられているはずだ。それが欲望や感情等いろいろなものにとらわれて発揮できていないのではないか。

そのような思いがつのり、人間とは何か、人間の本質とは何かを、古今東西の衆知を集めて探究してみたいと考えるようになったのである。

それと、もう一つは、そのときまでは多くの経営者がそうであったように、経営者は経営に専念し、政治は御上《おかみ》に任せておけばいいという考え方であった。しかし、困難な状況に直面し、「社会がよくならなければ、そこで活動する企業の発展もないし、人々の幸せもない。一経済人といえども国民として社会や政治に関心を持ち、よりよい日本にするための提言や要望をしていかなければならない」という強い思いに駆られた。それがＰＨＰ研究所設立の動機であった。

切なる気持ちから機会があればどこへでも出向き、その思いを懸命に訴えた。時には小学校の寄り合いで、あるいは経済人の集まりで語り、大阪地方裁判所の裁判官や、大阪大学・京都府立医科大学の教官に話し、東西本願寺で僧侶たちを前に逆説法したこともあった。

　ちなみに、研究所設立からその年の年末までの二ヵ月間に四十数回、翌二十二年（一九四七）の一年間をとっても二百四十回ほどの講演、懇談を重ね、みずからの思いや願いを訴えている。また、昭和二十二年四月からは活動の機関誌として月刊『ＰＨＰ』を発刊、同二十三年二月からは毎月、大阪中之島の府立図書館で公開のＰＨＰ定例研究講座を開き、ＰＨＰの考え方を発表している。さらに国民運動にするためにＰＨＰ友の会を組織し、幸之助自身大阪駅頭でビラを配り、ＰＨＰ運動に参加しようと道行く人に呼び掛けている。

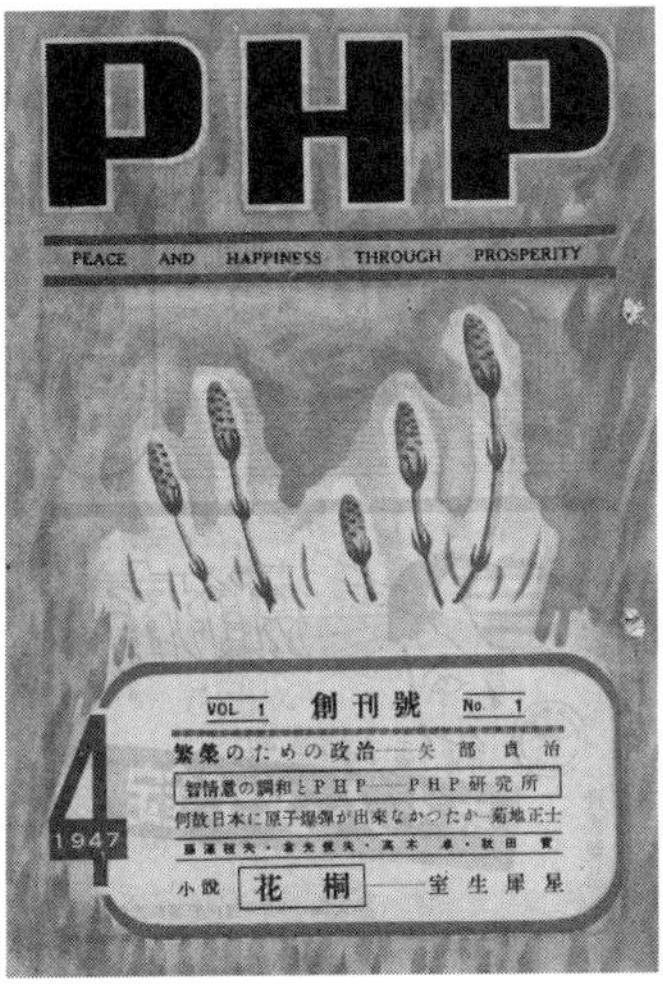

『PHP』創刊号

PHP運動の立て看板

　こうした状況が昭和二十五年まで続いたが、松下電器の再建が急務となり、その再建に全力を尽くすため、昭和二十五年から月刊『ＰＨＰ』の発行のみにとどめ、ＰＨＰ

の活動を一時中断していた。しかし、同三十六年、会長に就任したのを機にＰＨＰ活動に時間を割《さ》きたいという思いから、拠点を大阪から京都に移したのだが、それが真々庵であった。ＰＨＰ研究所・真々庵開所式は同年八月十八日に行われている。

真々庵での松下幸之助

御本茶碗で茶を喫する幸之助

不況に立ち向かう

先に、幸之助が「難儀」をした出来事として昭和三十九年（一九六四）から四十年にかけての不況をあげていたと記したが、筆者がＰＨＰ研究所に入所したときは、ちょうどその厳しい不況に直面していた時期であった。幸之助は会長でありながら病気療養中の営業本部

真々庵庭園

テレビの取材が入ったPHPの研究会（右から：幸之助、筆者）

長の代行として第一線に返り咲き、販売制度の大改革に乗り出していた。改革は順調に進んだわけではなかった。販売店、代理店の抵抗も強かった。しかし、幸之助は、この改革を成功させなければ電器業界自体が疲弊し、消費者にも大きな迷惑をかけることになるという強い危機感から、不退転の覚悟で臨んでいた。

みずからいちばん難しい大阪地区を担当し、ともすれば挫《くじ》けそうになる気持ちを奮い立たせながら、日々販売店、代理店への改革の説明と説得に当たっていた。そうした日々だったにもかかわらず真々庵には週に二、三回は来て、茶を点てたり、客人や会社の幹部の人たちと会ったり、あるいはＰＨ

Pの研究会を行なったりしていたのである。そのときは分からなかったけれど、真々庵という静かな場所で、現実の厳しい商売から離れて思索にふける、あるいは人間や社会のあり方を議論する、それが心の癒しであり、気分転換にもなっていたのであろうか。

真々庵の茶室と庭

当時、所員は十四、五人であったが、幸之助が来るときには庭の掃除をし、水を撒《ま》き、迎えた。幸之助は来ると、母屋に入らずまず庭に出、池の周りを回って庭の北東にある根源の社に向かった。そして、つくばいで手を洗い、口をすすいで、社の前で手を合わせた。その後、隣に建てられている一畳台目向板入《だいめむこういたいり》（一畳）の茶室に入ってお茶を点て、また飲んで、その後母屋の方で客を迎えたり、仕事をするのだった。

客は一人のときもあれば多いときには十人を超えるときもある。幸之助は客を迎えるときには徹底してお客様目線で迎えた。筆者も幸之助から、お客様が庭の砂利小路を歩かれるとき、打ち水が多くてもいけない、乾きすぎていてもいけない、ちょうどほどよい状態になるよう水を撒くタイミングを考えるように言われたし、庭の掃き掃除も見えないところまでするよう指示された。

また、グループで来られるときには、だいたい十畳の座敷に入られるのだが、座布団の前後ろ、裏表を間違えないようにということと、いくつか並べるときには前をきっちり揃えるように言われ、曲がっていないかどうかを幸之助がみずから最後に点検した。座布団の前後ろや裏表のあることなど、それまで気にもとめていなかったが、座布団というものも合理的に作られているということに、改めて驚かされたものである。

これらのことは些細《ささい》と言えば些細なことかもしれない。しかし、幸之助にとってこうした些細なことができなくて大きな仕事はできない、仕事とは些細なことの積み重ねだということだったのであろう。

真々庵でのPHP研究

座敷で行われていたPHP研究会に出席を許されたのは十二月の終わりの頃だった。床の間を背に、座卓を前に座布団に正座している幸之助。所員はその向かいに赤い小さな文机を前に同じく座布団に正座。まるで江戸時代の私塾や寺子屋のような雰囲気である。まだオーバーヘッドプロジェクターやコンピュータのない時代である。模造紙にその日のテーマである日本国憲法前文がきれいな墨文字で書かれ、鴨居《かもい》に貼られていた。国の最高法規であり日本の大原則を定めた憲法がどのようなものか、一度検証してみたいということであった。

幸之助は若い人間がこの憲法前文をどのように思っているのか知りたかったのであろ

う。初めて末席に座った私にこう問いかけてきた。「今度入ってきた谷口君、これを君はどう思っているのかね」。私は一瞬戸惑ったが、学生時代に友達と話していたように、「いや、理想的にすぎるかもしれませんが、原子爆弾を受けた世界で唯一の国ですし、これもいいのではないでしょうか」と答えた。すると急に厳しい顔つきになり、自分の常識では考えられない、といった面持ちでこう言った。

君、本当にそう思っているのかね。これには自主独立の気概がないじゃないか。いちばんわれわれにとって大切な安全と生存まで他人任せにしてるやないか。こんなことでいいのだろうか。企業でも親会社に頼る、銀行に頼る、あるいは自治体や国に頼るというような企業は必ず衰退していっている。それは歴史が示しているやないか。自分の企業は自分たちの力で何としても発展させていくのだという自主独立心の強い、気概にあふれた企業だけが生き延び発展していくのではないか。

今も憲法の前文で問題になる「平和を愛する諸国民の公正と信義に信頼して、われらの安全と生存を保持しようと決意した」という部分を指してのことだった。

そのとき、他に言ったことは、憲法にも三つの原則があるのではないか、ということだった。一つは「普遍性」、次は「国民性」、そして「時代性」である。幸之助は次のように語った。この前文には良い悪いはともかくとしてすべての人間に通ずる「普遍性」はある。しかし、「国民性」は盛り込まれていない。日本の国には日本独自のすばらしい国民性、伝統精神があるではないか。また、「時代性」に至っては時代が刻々と変わっている中、第二次大戦後、連合国軍主導で作られてからまったく変わっていない。それどころか、憲法を論じること自体がタブーになっている。やはり時代が変わっていけば憲法もどんどん改変していかなければならない。

普遍性・国民性・時代性

当時、フランスのドゴール大統領が憲法改定を行なっていたが、ドゴールのやり方が正しいのではないか、と熱を込めて言うのだった。

普遍性、国民性、時代性という視点は幸之助が企業経営において大切にしていたものだということは後で気づくこととなった。普遍性は経営理念。それは変えてはいけない普遍的なものでなければならない。国民性は海外展開のときに考えておかなければならないことであろう。フランスはフランスの、インドはインドの、あるいはブラジルはブラジルの国民性があり、他の国で事業を行う場合、その国の事情や国民性を考えた上でその国に合った展開の仕方が求められる。

また、時代性については、製品はもちろんのこと、組織や制度など、時代の変化に合わせて変えていかなければならないものが多いであろう。変えるべきものを変え、変えてはいけないものを変えない、それを誤りなく行うとき企業の成長発展があるのである。

日本の伝統精神

茶道には伝統精神が凝縮している

筆者が真々庵で仕事をしていたときには月に一度お茶の稽古があった。裏千家から先生が来られ、教えを受けるのである。女性所員は全員お点前を習い、男性所員はお点前までする人もいたが、客になり、茶を飲む作法を学んだ。日本人ならお茶席の作法くらい覚えておきなさいというわけである。仕事に追われているときなど気が進まないこともあったが、そこで出される和菓子がおいしく、それを食べるのが楽しみだった。しかし、実際にやってみると、戸の開け閉めから茶碗の持ち方扱い方まで、その所作が美しく、しかも理にかなっているというか合理的に考えられていることに、改めて感心したものである。

お茶の心は、「和敬清寂《わけいせいじゃく》」、あるいは「他人のために気を遣うこと」と言われるようだが、幸之助は日本の伝統精神、日本文化が凝縮しているのが茶道であると見ていたのではなかったか。確かに、茶道は日本独自の造園、建築、陶芸などの手工芸、作法、いや形のあるものだけではなく、和の心、思いやりや気配り等々、日本文化、日本精神の多くを含んだ総合芸術ともいえるものである。

昭和五十五年に開塾した松下政経塾でも真松庵という茶室があり、カリキュラムに、徳育の一環として週一回、九十分の茶道の時間が組まれていたが、これも塾生に日本の文化と精神を体得して欲しいという思いがあったためであろう。

筆者が非常勤講師として五年通っていた追手門学院大学にも、幸之助が昭和五十一年に寄贈した茶室、松籟庵《しょうらいあん》があったが、これも「日本文化研修道場・松籟庵」となっていた。

それでは幸之助は、茶の湯を生み出した日本の伝統精神をどのように考えていたのであろうか。

三つの柱

幸之助は、日本の伝統精神には、三つの柱があると考えていた。一つは「和を尊ぶ」という和の精神、いま一つは「衆知を尊ぶ」、つまりみんなの知恵を大切にし、集め活用するということ。三つ目は「主座を保つ」ということであった。

第一の和の精神は、聖徳太子が千三百年前にすでに「和を以て貴しと為す」ということを憲法の第一条に書いた。憲法といっても今の憲法とは性格が違うが、それでも国の基本的な考え方であったことには間違いがない。

幸之助は欧米にも何回か行っているが、米国のレストランで食べたヒラメの大味なことと、大きなカップになみなみと注いでくれたコーヒーのことを語り、日本では料理も繊細であるし、お茶を湯呑に入れるのでも多からず少なからず、熱からず微温《ぬる》からず、相手の状況を考え、相手の気持ちを察して入れる、そんな濃《こま》やかな気配りや思いやりも、お互いの和を育んできた日本人の伝統精神だろうという。日本の伝統精神は戦争につながる精神だ、日本人は好戦的な国民だという解釈があるが、それは間違った解釈で、本来平和を愛する国民だというのである。

二つ目の柱、衆知を尊ぶについては、昔の天皇親政の時代でも独断で政治をやっていたのではなく、必ず群臣に諮《はか》って進められていた。『古事記』の中に八百万《やおよろず》の神々が天の河原に集まって話し合いをするという場面が出てくるが、これなど民主主義の源泉と言えるもので、日本の国民性を象徴しているものではないかという。

三つ目の主座を保つということについては、まず、国がかたちづくられてから自主独立の気概を貫き、他の国に侵されず、日本であり続けられたこと。そして、仏教やいろいろな文化が海外から入ってきたが、日本人は主座を失わず、日本的に変えて取り入れてきたこと。たとえば、仏教でも日本独自の宗教にして、取り入れた元の国以上に発展させてきたし、漢字でもそのまま受け入れるだけではなく、万葉仮名として使ったり、平仮名や片仮名など日本独自のものにつくり変えたりしてきた。

敗戦によって日本人は自信を失い、この日本の素晴らしい伝統精神を見失ってしまっている。しかし、豊かな四季があり、美しく、しかも変化に富んだ独特の風土の中で長い間に培われ育まれてきた民族の精神、そしてそれに裏づけられた伝統の文化というものには、日本人が世界に誇りうるすぐれたものが少なくないと、幸之助はいうのである。

実際、室町時代にヨーロッパの国から日本にやって来たフランシスコ・ザビエル等の宣教師たちは日本人のことを「今まで交わった人々の中でいちばん優秀な国民」「名誉を重んじ親切で徳性が高い人たち」と記しているし、また幕末にやってきた外国人も日本人の勤勉性や意識の高さに驚いている。こうした素地があればこそ明治維新からの急速な経済発展が可能となったのであろう。

道徳は実利に結びつく

幸之助は昭和四十一年に「道徳は実利に結びつく」という論考を発表している。道義、道徳というのはお互い精神面において大切だから、得にならなくても守らなければならないものと、ともすると考えがちである。しかし、実際には道義、道徳こそ生活に実利、実益をもたらすものである。例えば、代金を期日までに払うといった商道徳、あるいは赤信号では止まるとか無茶な追いこしはしないといった交通道徳が守られなければ、そこから生まれる時間的なロスや物的な損害は計り知れないものがあるというのである。

このことは、和の心、思いやりの心などにも通じることで、思いやりの一言も生産性を上げることにつながっている。

幸之助は若い社員にこんなことを言ったことがある。

君が先輩の課長と仕事をしているとしよう。課長が肩を凝らしている。君が帰ろうとしているときそのことに気づいたら、「お疲れのようですね。肩をおもみしましょうか」と一言声をかけることができるだろうか。課長は、「すまんな。それならちょっとやってもらおうか」と言うかもしれない。しかし、たいていは、「いや、いいよ、いいよ。君も予定があるだろう。遠慮なく帰ってくれよ」ということになろう。しかし、いずれにしても課長はその言葉に元気をもらい、「よし頑張ろう」という意欲を湧かせるのではないか。

思いやりの心が人のやる気を引き出し、物を生み出すのである。物心一如、物と心は本来結びついているものであり、またそうでなければならないと幸之助は考えていた。つまり、和の心、思いやりの心の高まりが経営活動、経済活動にもよい意味で大きく影響するということである。

また、和の心、思いやりの心は他人に好感を与えるということもある。

幸之助は八十八歳のとき、東京で行われたＹＰＯ（青年社長会）の世界大会で、請われて講演をしたことがある。講演の後の質疑応答で、「ビジネスマンにとって何がいちばん大事ですか」と問われて、「愛されることでんな。あの人がやってはるんやからもの買うてあげよう。協力してあげよう、と思われるような人やないといけませんわな。そのためには奉仕することです。それができん人は必ず失敗します」と答えている。

筆者はいつも、ビジネスの根幹をやさしく一言で言い表した言葉だと感心しているのだが、しからば何によって奉仕するのか。メーカーであれば、まず製品のよさ、価格、そしてサービスであろう。幸之助にとって三番目のサービスとは、単なるアフターサービスとか景品を付けるとかそのようなものだけではなく、お客さまに喜んでいただけるすべてのことであったろう。たとえば、笑顔、身だしなみ、約束をきっちり守ること、よい言葉を発すること、情報提供、謙虚さ、誠実さ、熱心さ、そして何よりも相手の立場に立って考えられる心の余裕である。

筆者が真々庵で初めて会ったときには、紺の背広に紺系統のネクタイ、身だしなみがきっちりしていることに驚かされたし、肩をもんだときも、すぐに「君、うまいな。いつもお父さんやお母さんの肩もんでるんやろ」という言葉が返ってきた。そう言われると、いつももんでいるわけではないが、大変親しみを感じたものである。こうした言葉は、お客さんに対してももちろん発せられている。

国立京都国際会館で販売会社・代理店社長会議が行われたときのこと。ある代理店の社長が亡くなり、息子の新社長が出席していると知ると、つかつかと近寄り、「君のお父さんは頑固な人やったで。しかし、ようやってくれはったわ。わしはほんとに感謝してるんや。ああいうお父さんやからええ後継者ができるんやな」と声をかけている。新社長はきっと

「親父に負けないように頑張って仕事をしよう」と改めて思われたに違いない。

無財の七施

『雑宝蔵経《ぞうほうぞうきょう》』というお経の中に「無財の七施」というのがある。布施というと普通、お金か物かで行うが、それらが無くても行える七つの布施があるという。それは、一、眼施《げんせ》（やさしい目で接すること）、二、和顔施《わがんせ》（ニコニコした顔で接すること）、三、愛語施《あいごせ》（自分から先にいい言葉を使うこと）、四、身施《しんせ》（身体での施し）、五、心施《しんせ》（思いやりの心での施し）、六、床座施《しょうざせ》（座席を譲る施し）、七、房舎施《ぼうしゃせ》（宿を貸す施し）である。

幸之助はまだ資金も乏しく、良い製品もできない時代に、お客様に信頼され喜ばれるためにはどうすればいいのか、お客様のことを常に考えながら、この「無財の七施」のような心のサービスを実行してきたのではなかろうか。

幸之助が挙げた日本の伝統精神のうち第一番目の「和の心」を中心にとりあげてきたが、第二番目の「衆知を尊ぶ」については、幸之助は経営の中で「衆知を集める全員経営」をモットーとしてきたし、三番目の「主座を保つ」については「自主責任経営」として大事にしてきた経営理念である。これらの日本の伝統精神は繁栄・発展のために、経営においてもあるいは経済においても失くしてはならない精神といえよう。

運命と真理

人知の及ばない大きな力

PHP研究会の席で、確か政治の問題を話し合っていたときだったように思うのだが、何を思ったのか幸之助はふと、「ここに空気があるんやな。これがなくなったらみんな死ぬんやな」と感慨深げに言ったことがある。それがあまりにも唐突だったので印象に残っている。

また、筆者が研究所（真々庵）に入る二年前、昭和三十七年（一九六二）四月のPHP研究会で、人生ということについて話し合われていたが、残されているその音声テープによると、幸之助は、「今から五十年ほど昔は、日給八十三銭で働いていた。小学校も卒業してないし、身体は半病人で弱いやろ。どこ一つ取り柄がない。それが今、日本一の金持ち、商売の神さんやいうて紹介している。これは運命としか考えられない」と、しみじみ話している。

日給八十三銭というのは大阪電灯㈱で配線工として働いていたときのことだが、二十二歳のとき、学問、知識もなく、資金も乏しく、健康にも恵まれない、いわばないないづくしの状態の中で独立し、紆余《うよ》曲折があったものの昭和三十年、六十歳のとき所得番付の一位に躍り出、昭和三十年代は二位が二回あったものの、そのほかの年は一位を維持した。そこから、マスコミによって商売の神様とか日本一の金持ちとも呼ばれることになったが、ゼロから出発して日本一の所得王になるまで、丸三十八年である。時というのは過ぎてしまえばつい昨日のように思えるもの。無我夢中で仕事をしているうちになぜかこうなってしまった、「運命としか考えられない」という幸之助の感懐は正直なものであったろう。

晩年には、「人生の八〇パーセントから九〇パーセントは運命によって決まっているのではないか」とも言っていた。それに対して筆者は、「そのようなことを言われるとやる気がなくなりますよ。あまり言わない方がいいのではないでしょうか」と言ったことがある。そのとき「いや、人知に残された一〇パーセントなり二〇パーセントの考え方、行動の仕方次第で、あとの人知ではいかんともしがたい運命が光彩を放つようになるのではないか」と言っていたが、いわば波乱万丈の人生を歩む中で、神の領域とでもいうか、人知の及ばない何か大きな力を感じてきたのであろう。その力はどのようなもので、人間にどのように作用していると考えていたのか。

宇宙根源の力

昭和二十三年（一九四八）二月から毎月行われた公開のＰＨＰ定例研究講座で、ＰＨＰの考え方を「ＰＨＰのことば」としてまとめ、発表してきたが、そのいちばん初めに発表した「繁栄の基」は次のようなものである。

> 限りない繁栄と平和と幸福とを、真理は、われわれ人間に与えています。人間が貧困や不安に悩むのは、人知にとらわれて、真理をゆがめているからであります。お互い素直な心になって、真理に順応することに努め、身も心も豊かな住みよい社会をつくらねばなりません。[2]

ＰＨＰ運動は、〝人間とはこのような愚かなものだろうか〟という疑問から始まったと記したが、幸之助は人間を考えるにあたって、人間が生まれ存在する広大無辺《こうだいむへん》・無始無終《むしむしゅう》の宇宙というものを考え、宇宙万物を司るものとして、宇宙根源の力を想定した。つまり宇宙根源の力によって自然万物は創られ、その宇宙根源の力から発せられた法則（自然の理法、真理とも言っている）に従って万物は動いている。そして、自然の理法は衰退死滅ではなく、生成発展である。それが幸之助の、宇宙や地球、そして人類の歴史を概観しての結論であった。いやそんなことはない、宇宙は衰退死滅の方向に動いている、と言う人もあるかもしれない。しかし、幸之助はそのようにはとらえなかった。宇宙の大意志は生成発展であり、人類の繁栄、平和、幸福だと考えたのである。それは一種の勘であり信念でもあった。

宇宙根源の力は森羅万象を創造するとき、人間をつくり、人間に自然の理法を発見認識させ、その理法に従って、みずからを生かし、また万物を活用しつつ共同生活を限りなく生成発展させていくことができる偉大な本質を与えている。人間がそのことを真に自覚し、衆知を集めて努力したとき、人間のすばらしい本質が生き、生成発展の社会、繁栄、平和、幸福の社会が築かれると考えたのである。

つまり、

大部分は自然の力によって仕組まれ、裏付けられているのではないかと思うのであります。すなわち人間が自ら考え、そして働く部分は、全体から見れば百分の一、二百分の一であって、大部分は自然によってすでに仕組まれ、裏付けられていると思うのであります。それを人間が少しずつ探し求めていくにすぎないのであります。(3)

だから、人知にとらわれず真理、自然の理法に従っていけばいいのだと言う。

PHP研究所を創設したとき、「天地自然の中に繁栄の原理を究め、進んでこれを社会生活の上に具現し、以て人類の平和と幸福とを招来せんことを期す」という綱領を定めた。それは、大自然にすでに仕組まれている繁栄の原理を探究し、それを社会に適用して、繁栄、平和、幸福をもたらそうというものであった。またそれができる能力をもっているのが人間だというのである。

根源の社

土地に対する礼の式典

昭和三十七年(一九六二)二月、幸之助は真々庵の北東の一角に宇宙根源の力を祀るため、「根源の社」の建立に着手した。そのとき、地鎮祭を行なったが、それがまた変わっていた。土地に感謝と敬愛をあらわすため、式典の名を「土地に対する礼の式典」としたのである。

幸之助は、お互いが人間として生活していく上で心しなくてはならないものはいろいろあるが、その一つは「礼」だという。それは、素直な心になって感謝と敬愛をあらわす態度

根源の社の前で祈り瞑想する幸之助

パナソニック創業の森の根源の社

であるが、礼は三つに分けられる。第一の礼は宇宙根源に対する礼、これは人間の及ばない力、万物をつくりそのすべてを動かしていく基本的な力に対してのもので、宗教や信仰ともいえるものである。第二の礼は人間に対する礼。これはわれわれが普通使っている礼の意味である。第三の礼は物に対する礼で、物を尊重すること、生かして使うことであった。地鎮祭と言わず「土地に対する礼の式典」としたのは、この式典が、土地を鎮めるのではなく活用させてもらうことに感謝するためのものだったからである。

式典では所員代表が次のような言葉を述べている。

この宇宙に存在するすべてのものは、宇宙の根源力によって創られ、使命づけられ、その活動を続けている。土地もまた然り。宇宙の根源力によって創られ、それぞれにその使命をもち、人間の繁栄、平和、幸福に資するために存在している。従ってお互い人間は土地に対しても礼を尽くさねばならない。これはＰＨＰで言う「第三の礼」から発するものである。「第三の礼」とは「すべての物の使命を尊重し、その使命に従ってこれを人間の繁栄、平和、幸福に役立たせていくこと」である。

われわれは今ここに真々庵の土地を与えられている。この土地の使命を察知し、これを最善に活用することはわれわれの大事なつとめである。
　このつとめにもとづいて、このたびその一角に、万物をつくりこれを動かしている宇宙の根源力を祀ることに思い至った。宇宙の根源力に常に思いをひそめ、その研究を続けているわれわれが根源力に感謝のまことを捧げ、同時に親愛の情をあらわす象徴とするためである。その意味において、この祀りの土地はまことに意義深く、重要である。本日の佳日を卜し、われわれ一同、心を込めてこの土地に対する礼を尽くしたいと思う次第である。(3)

続いて幸之助は「土地に対する願いの言葉」を読み上げている。

感謝と親愛の情をこめて宇宙の根源力を祀るために、それにふさわしき場所としてこの土地を選ばせて頂きます。私どもの思いとこの土地にひそんでいる使命とが相通い合うことをつつしんで祈念いたします。(4)

この根源の社は、当時幸之助が伊勢神宮と関わりがあったためか、伊勢神宮内宮《ないくう》を縮小したものであったが、その中には鏡やお札が入れられたわけではなく、幸之助によって「根源」と墨書され、清められた桧の板が納められた。昭和四十二年（一九六七）、PHP研究所のビルが京都駅前にできたときにも根源の社は建設されているし、同五十六年（一九八一）、松下電器の本社の前に「創業の森」がつくられたときにも、その一角に建立され、現在その三つが存在している。

創業の森の根源の社の前には、その設立趣旨が次のように簡潔に記されている。

宇宙根源の力は、万物を存在せしめ、それらが生成発展する源泉となるものであります。

その力は自然の理法として、私どもお互いの体内にも脈々として働き、一木一草のなかにまで、生き生きとみちあふれています。私どもは、この偉大な根源の力が宇宙に存在し、それが自然の理法を通じて、万物に生成発展の働きをしていることを会得し、これに深い感謝と祈念のまことをささげなければなりません。

この会得と感謝のために、ここに根源の社を設立し、素直な祈念のなかから、人間としての正しい自覚を持ち、それぞれのなすべき道を、力強く歩むことを誓いたいと思います。

感謝と素直

先に記したように、幸之助は真々庵に来ると、何よりもまず最初にこの根源の社にお参りをした。社の前で神式に二礼二拍をして、手を合わせて祈った。時には藁《わら》の円座を敷き、その上で座禅を組み、手を合わせて、しばらく瞑想にふけっていた。その時間、五分のときも三十分のときも、さらにそれ以上に長いときもあった。

幸之助は、何を祈っているのかと問われて「感謝と素直」だと答えた。感謝については、根源の力によってみずからが生を享《う》け、生かされていることを強く感じていたからであろう。素直については、人間というものは、ともすると我欲、感情、過去の体験などさまざまなことにとらわれて、自然の理を見失いがちである。だから何にもとらわれない素直な心で理に従っているかどうかを自省していると言うのであった。

幸之助も一人の経営者である。日々決断に迫られる。そのとき、みずからの欲望、感情、あるいはこれまでの成功体験などにとらわれてしまうと判断を誤る。たとえば、誰かを役員にする場合、好き嫌いの感情や自分の欲望で決めれば失敗することになる。やはり適材が適所につくことが理にかなった正しい姿で、そうなってこそ本人も力が発揮できるし、周りも喜び、全体としても発展があるのである。

松下電器の幹部にもよく「素直な心で何が正しいかをよく考えて判断しなければならない」と訴えていた。幸之助にとって「正しさ」とは生成発展、繁栄、平和、幸福に結びつくことで、それは自然の理法に従うことでもあった。

静と動、茶室と経営者

茶室はPHP研究の道場

根源の社にお参りした後、次に必ず入るのは隣に建てられた茶室で、そのときまさに影のように付き添っていたのが一つ年長の矢野宗粋氏であった。


幸之助は晩年、ある講演会で、「経営者は孤独なものであり、愚痴の言える相手をもつ必要がある。自分には幸いそのような人がいた。戦前は加藤大観《たいかん》師（真言宗の僧侶）であり、戦後は矢野宗粋氏であった」と述べている。

茶室をつくったのは根源の社をつくったその翌昭和三十八年（一九六三）のこと。六月五日に行われた「土地に対する礼の式典」では、茶室をつくることの意義についてこう述べている。

そもそも真々庵はPHP、すなわち繁栄によって平和と幸福とを実現するための道理と方策を究めるべく縁あって私どもに与えられたいわば天与の道場であります。したがって、この真々庵の一木一草に至るまでもすべてこれ自然の理法の現れと見、そこから素直に謙虚に学び取る態度をもって私どもは日夜精進を重ねているのでありますます。今この一隅に建てられる茶室もまた真々庵に与えられているこの尊い使命の一環をなすものであります。ことに日本古来の歴史と伝統によって育まれた茶の道には限りなき先人の教えが含まれております。この茶の道を味わいつつ時に瞑想し、時に清談することによって私どもはこの上なき心の安らぎと潤いとそして勇気を与えられることと信じます。その意味において、これはPHP研究の道場であり、私どもが真理に思いを馳せつつ心を養うための精進の場であるとも申せましょう。(5)

茶室は同年十月に竣工《しゅんこう》し、幸之助はこれに「真々」と命名した。この茶室は裏千家今日庵の写しであるが、西面が壁ではなく障子になっている。
幸之助は、真々庵で内外のさまざまな客人と会った。それらは、得意先、財界人、学者、宗教家、芸術家とさまざまであったが、お茶席を共にすることも多かった。

アーノルド・トインビー

昭和四十二年（一九六七）の秋、イギリスの世界的に著名な歴史学者アーノルド・J・トインビー博士夫妻が来訪されたことがあった。幸之助はお茶を呈し、しばし歓談の時間をもったのであるが、そのときトインビー博士はお茶を飲み、大自然の縮図ともいうべき日本庭園を見ながら、おおむね次のように語った。

日本の経営者はすごい。轟音《ごうおん》のすさまじい工場や競争の激しい厳しい世界であわただしく仕事をしながら、一方でこのように静かな世界をもっている。静と動、静かに考えて、積極的に行動する。静と動を行き来することによって、そこから誤りのないエネルギーが湧き出るのではないか。日本の驚異的な経済発展の一因もこんなところにあるのかもしれない。

真々庵を訪れたA.J.トインビー夫妻と

筆者は当時月刊『PHP』の編集部員であった。二人の対談を雑誌に掲載するため横についていたので、そのときの博士の驚きを鮮明に覚えている。

幸之助にも次のような文章がある。

戦国時代の武将はことのほかお茶を愛好した。殺伐な〝動〟にたいして茶道の〝静〟。物にたいする心というか、物心一如というか古来日本人は生活態度のなかにその両面を求め〝動〟がはげしければはげしいほど〝静〟を愛した。

〝静〟に徹するとき、ものに動じない心の落着きが生まれる。お茶をたてているとき、のんでいるとき、かりに大事が起こったとしよう。思わず茶杓をおとす、茶わんをこわす、これは決して茶人の姿ではない。変を聞いてなお沈着で

いる茶人の心境は、武芸の達人のそれと通ずるものがある。(6)

だから、「茶などやる暇はない」と言う財界人こそ、茶の道に入る必要がある。「この道に入ることによって生まれる心のゆとり、これが必要だ」と言うのであった。

茶道は素直な心への道

素直な心の初段

筆者がＰＨＰ研究所（真々庵）に入った頃、幸之助はわれわれ若い所員に、「素直な心の初段を目指せ」と訴えていた。碁は毎日一回、一万回打てばだいたい初段になれるということをどこからか聞いてきて、

素直な心の初段も、毎日一回素直な心になろうと願い、行動し、反省をする。それを一万日、三十年続ければ初段になれるのではないか。そうすれば、どんな情勢の変化にも的確に判断ができ、融通無碍《ゆうずうむげ》に対応できる。君たちはまだ若いのだから努力してほしい。自分はＰＨＰ活動を始めてからそのことに気づいたので、自分なりに努めて

はいるが、まだだいぶ時間がかかりそうだ。

幸之助はPHP活動を始めたときから、「素直な心になりましょう。素直な心はあなたを強く正しく聡明にします」というポスターをつくり素直な心の大切さを訴えたり、みずからも素直な心になろうと努力を続けてきた。

幸之助は素直な心についてこのように述べている。

素直な心というのは、何か一つのものにとらわれたり、一方に片寄ったりしない心である。いわゆる私心なく、ものごとをありのままに見る心である。そういう素直な心になれば、ものごとの真実の姿、実相というものが見えてくる。したがってまた、何をなすべきか、何をなすべきではないかということも、あやまりなく判断できるようになってくるだろう。だから私は、素直な心というものは、人間を正しく強く聡明にするものだと考えている。(7)

と言うのだった。

茶道の精神は「和敬清寂」という言葉に表されると言われているが、幸之助はこれが素直な心に通じていて、PHPが目指すところとも合致すると言う。

数百年の伝統を持ち、その間ずっと心の落ち着きを養ってきた茶道というもの、お茶の心というものには、素直な心に通じるものがあるように思っている。お茶室におけるいろいろな心づかい、お茶室の静寂なたたずまい、あるいは一服のお点前の中に、何か非常に心が洗われるというか、そのひとときには、ふだんなかなか持てないでいる心の落ち着きというものがごく自然のうちに得られるような感じがするのである。そういう意味では、私にはまだまだ深いものはわからないが、茶の心というものは、とらわれない心であり、ありのままに見る心であり、いってみれば素直な心そのものではないかという感じも一面にしている。(8)

茶室の寄贈

幸之助は、お茶を愛した。そして毎日のように茶室に入った。「お茶室に入ったときの気持ちほど楽しいときはない、といってもいいほどの和やかな安らぎ、余裕を感じさせてくれる」(9)と述べているが、善田昌運堂社長・善田征男《ゆきお》氏の証言でも、幸之助は西宮の自宅で夫人と茶室に入ったときはいつも人が変わったように非常に機嫌がよくなったという。そこは、世間の騒がしさ、日常のわずらわしさから離れて、心休まる空間だったのであろう。

幸之助は、「お茶というものは和敬清寂の精神を持っているけれども、その精神というものは、お茶室というものと相まって生きてくるものだと思う」[10]と、茶室の間取りやにじり口のしつらえなど、茶道の精神を生かすための工夫に感銘を受けている。

また、幸之助は、いろいろと問題の多い混迷の世の中において、茶室を建て、茶道を広めていくことは、素直な心を広め、日本人の精神文化向上のためにも意義があるし、茶室建築の伝統・伝統美をありのままに残すという意味でも大切なことだという思いから、請われるままにいくつかの茶室を寄贈してきた。

昭和三十八年京都美術倶楽部の「松庵」から始まって、高野山金剛峯寺《こんごうぶじ》の「真松庵《しんしょうあん》」、国立京都国際会館の「宝松庵」、中尊寺の「松寿庵」、和歌山城の「紅松庵」など十五の茶室である。その最後が、昭和六十年（一九八五）四月に完成した伊勢神宮の茶室「霽月《せいげつ》」であった。敷地面積、約五百六十坪（約千八百五十平方メートル）、茶室面積、約百七坪（約三百五十四平方メートル）のまことに立派なものであった。そのとき幸之助はすでに九十歳になっていた。

幸之助が伊勢神宮にもお茶室をと考えたのは昭和四十九年(一九七四)、伊勢神宮崇敬会会長に就任したときであった。しかし、日本人の心のふるさとともいうべき神聖な伊勢神宮である。畏れ多いことといささか遠慮をしていた。ところが、同五十六年(一九八一)、大宮司《だいぐうじ》二條弼基《すけもと》氏から「神宮に茶室を寄付してもらえないか」という申し出があった。建設候補地も五十鈴《いすず》川にかかる宇治橋を渡ったすぐ左の河畔《かはん》、ここなら場所として最適だと考え、実現したのである。このとき幸之助が茶室建築の第一人者、棟梁《とうりょう》の中村外二《そとじ》氏に特に依頼したことは、「三百年以上保つ茶室をつくってほしい」ということであった。

茶道具より茶の心

お茶を愛した経営者の中にも茶碗や水指、あるいは掛け軸など道具に執着した人、その反対に道具にはあまり関心がなかった人があった。前者は美術品に対する眼力とこだわりのある人で、たとえば三井の大番頭の益田孝(鈍翁《どんのう》)、安宅《あたか》コレクションで有名な安宅産業の安宅英一、荏原《えばら》製作所創業者の畠山一清(即翁《そくおう》)、出光興産創業者の出光佐三等々がいた。幸之助は後者であった。善田征男氏が高価な茶器を勧めても、「わしは美術品の値打ちが分からんのでな、もったいないわ」と言ったり、値段を聞いて、夫人に、「善田はんのこの道具、高いな。これに比べると、われわれの電気製品は安いもんやな。しかも、どんどん安くなっていくわ」と笑ったりしていたという。

昭和五十八年（一九八三）、NHKが「絵巻切断」というドキュメンタリー番組を放映したことがある。それは秋田の藩主佐竹家が所蔵していた「三十六歌仙絵巻」の、放出後の流転を追ったものであった。鎌倉時代に描かれたその絵巻は、第一次世界大戦の後に放出されたが、美術品として国宝級、あまりにも高額で買い手がつかない。そこで当時の財界のドン、三井財閥の益田孝が大胆にも絵巻を切断、一枚ずつを当時の資産家たちが買い受けた。それは茶室の掛け軸として最適であった。しかし、第二次世界大戦などにより激動する日本経済のなかで、初期の所有者の大半が手放し、新しい所有者の手に渡っていったのである。

幸之助のところにも、昭和三十年代に、「さ雄鹿の朝立つ野辺の秋萩に玉と見るまで置ける白露」の歌とその作者・大伴家持《おおとものやかもち》を描いた一枚が回ってきていた。幸之助はNHKの取材をPHP研究所で受けたが、茶室に掛けた軸を見て、「自分はこんなものを持っていたんやな」とつぶやいている。

このエピソードが示すように、幸之助は道具にはこだわっていなかった。それより、お茶のもっている精神性を大事にしていたのである。だからこそ、みずから名器を集めるのではなく、茶室の寄贈を通じて茶の湯の深さをみんなに知ってもらおうとしたのであろう。それは素直な心やＰＨＰの精神を普及しようというのと相通ずることだったのである。

ただ、茶人は茶器や美術品に詳しい人と世間一般から思われているだけに、幸之助は、お茶について新聞や雑誌の記者に聞かれると、照れながら、「茶人でもなんでもないんですよ。本当のこと言うたら恥かくだけやな。『なんや、松下さん、茶人や思うてたら何も知らんやないか』となって、さっぱりわややな。松下さんは無茶人であるということですな」と笑って答えていた。

ＰＨＰの心、茶の心

ここまで書いてきて、ふと茶の湯との出会いによって幸之助の人生や物の見方・考え方も、ずいぶん変わったものになったのではないか、という思いに駆られている。つまり、お茶が幸之助の人生や企業経営に大きな影響を与えたかもしれない、あるいはお茶によって物の見方・考え方が深められたと言えるのかもしれないということである。

むめの夫人によると、幸之助は若いときから寝食を忘れて仕事に打ち込む方だった。芝居に行こうとあるところで待ち合わせをしたのに来ない。仕方なく家に帰ると幸之助は製品の不具合を直すため懸命に取り組んでいて、約束をすっかり忘れてしまっていた、というエピソードも披露しているし、食事にしても仕事をしながら食べ物をかきこむというような状態だったという。そのような状態からお茶に出会い、その精神に触れ、みずからの商売の中で、田中太介氏から言われた「商売だけではいかんで。日本文化も知らなあかん」という言葉の意味に気づいたのではなかったか。PHP研究所をつくったのもそのような素地があったからとも言えなくはない。

幸之助はPHP活動をする中で、「人間は自然の理法に従い、みずからを生かしつつ万物を活用し、共同生活を限りなく生成発展させていくことができる偉大な本質が与えられている。そしてその本質を発揮するためには、何にもとらわれない素直な心が大切だ」と考えた。筆者は、「PHPの考え方を一言でいえばどのようなものですか」と問われれば、「何にもとらわれない素直な心で、人、物、金、あらゆるものを、また不況や災害など、どのような厳しい情況でさえも、生かし、活用し、繁栄、平和、幸福を招来する考え方です」と答えることにしているが、まさにすべてを生かす哲学と言えようか。

それが、戦後の荒廃した世相の中で日本文化に対する危機感をつのらせていた茶道界の思いと合致し、冒頭の大阪茶道会主催「ＰＨＰ昂揚　国民文化大茶会」の案内状、「心に雑念を去り身に能率的な所作をつけて、生活に合理的な豊かさを持ちたい茶道の立場からも心から同感出来ると存じます」という言葉になったのではあるまいか。

幸之助は趣味として、ゴルフ、清元（浄瑠璃の一種）、碁、将棋なども誘われるまま始めたことがある。しかし、どれも長続きはしていない。けれどもお茶だけは違った。幸之助にとってお茶は単なる趣味ではなく、企業経営やＰＨＰの研究と並ぶ人間探究、社会向上への一つの道だったのではないかと思う。

註

（1）「故淡々斎宗匠に思う」（『淡交』所収、淡交社、昭和四十年九月号）
（2）「ＰＨＰのことば」（『ＰＨＰ』所収、ＰＨＰ研究所、昭和二十三年二月号）
（3）『ＰＨＰ研究所所史』（ＰＨＰ研究所、昭和三十七年二月十七日の項）
（4）同右
（5）『ＰＨＰ研究所所史』（ＰＨＰ研究所、昭和三十八年六月五日の項）
（6）「お茶を愛する」（『産経新聞』所収、昭和三十八年六月七日）

(7)「ざわついた世相とお茶の心」(『淡交』所収、淡交社、昭和五十一年一月号)
(8) 同右
(9)『松下幸之助　真々庵茶室集録』(淡交社、昭和五十一年)
(10) 同右

松下幸之助の茶の湯と真々庵——素直な心を求めて

徳田樹彦

はじめに

松下幸之助（一八九四〜一九八九）は点前が好きだった。点前をしている写真が数多くある。

点前と道具

対して、近代の数寄者《すきしゃ》の興味は主に道具にあった。道具が好きでたまらない、手に入れた道具を他に自慢する、そのために茶会をする。例えば柿の蔕《へた》茶碗「毘沙門堂」をめぐって益田鈍翁（孝）と畠山即翁（一清）とが競ったり、住友春翠《しゅんすい》が小井戸茶碗「六地蔵」をあまりの高値で買ったため、住友家一族が主人の茶の湯道楽に反対し、これを扱った道具商が出入りを差し止められたり、そんな逸話に事欠かない。それらは全て道具の話で、数寄者と道具は切っても切れない関係にあったと言える。

しかし、幸之助に道具に執着する逸話はない。

ここに、幸之助が点前をしている二葉の写真がある。ゆったりとした自然体で柄杓を構えているのは、茶室「真々」での写真である。次に静かに釜の蓋を開け、湯を汲む。そんな動作も見えてくる。もう一葉は、真々庵にあった茶室「青松」でのもの。台目向切《だいめむこうぎり》の点前で、道具の位置がしっかり決まっている。また、悠然とした帛紗捌《ふくささば》きの構えは、点前巧者振りをうかがわせる。

幸之助は朝、茶室「真々」に入る時のことを、「庭にある二坪（一畳台目）のお茶室に入る。ここでみずから一服のお茶を点て、それを味わうのだが、この朝の行事のうちに、僕はいい知れぬ心のやすらぎを得るのと同時に、その日一日の心のととのえをするのである」と語っている。この一言が、幸之助のお茶を語り尽くしているように思う。

七つの疑問

私が真々庵に勧めていたころ、いくつかの疑問があった。仮にそれらを「真々庵七不思議」と名付けてみた。

真々庵の茶室「真々」で点前する幸之助

真々庵の茶室「青松」で帛紗捌きをする幸之助

一、真々庵を購入した時には数寄者好みの立派な小間の茶室があったのに、なぜ取り払ったのか。
二、庭を改造する時、せっかくあった樹木、景石、灯籠などの一級品を全て排して、二級品のものばかりで作り変えたのはなぜか。
三、松下美術館構想はなぜ消えたか。
四、白砂と杉だけの庭をなぜ作ったのか。
五、名物道具を沢山所持しているにもかかわらず、ホームグラウンドである真々庵では一切使わなかったのはなぜか。
六、根源社はなぜ伊勢神宮内宮の形式を模したのか。
七、茶室「真々」はなぜ一畳台目なのか。
そのような事を考えながら話をすすめたい。

茶の湯との出会いと淡々斎との交流

淡々斎との出会い

小林一三(逸翁)からすすめられてはいたものの、なかなか機会がなく、昭和十二年、大阪府枚方町(現枚方市)にあった田中車輌社長田中太介の邸宅萬里荘での茶会に参席したのが、茶の湯との最初の出会いだった。

真々庵 庭園の六重塔

四千坪の山全体が庭園となり、渓流が走り、数々の石灯籠や十三塔、重要美術品の七重塔が点在し、淀川の流れをへだてて吹田、茨木、高槻あたりが一望でき、大阪城も見えたという。萬里荘の名もそのようなことで付けられた。

田中太介は、当時裏千家茶道をする数少ない財界人であった。裏で水屋を支えていたのが、大阪茶道会理事長矢野宗粋と京都の茶道具商善田喜一郎である。

この時、幸之助は、新進気鋭の経営者ということで勧められるまま正客を務めたのだが、その役割ははなはだ心許無いものであった。しかしこれが縁で幸之助は茶の湯の面白さに目覚める。そしてその時水屋にいた矢野、善田が、その後の幸之助のお茶を支えることとなった。

驚くべきことに、その二年後の昭和十四年（一九三九）、幸之助は西宮市の自宅光雲荘の完成にあたり、茶室「光雲《こううん》」に裏千家十四世淡々斎夫妻を招いて茶室披《びら》きを行っている。淡々斎は温厚な人柄で、人の話にじっと聞き入り、去り難い雰囲気を持っていたという。その時の淡々斎の、温かく、落ちついた中にもなごやかな雰囲気が、幸之助に転機をもたらした。「淡々斎の、立居振舞、お話のすべて」に魅了され感動し、「なるほどこれがお茶の心、茶道の精神というものか」と深く感銘を受けたのだ。

この時の感動は特別だったとみえ、後年いろいろな機会に語っている。言わば幸之助のお茶の原点となる出来事で、以後、淡々斎を師と慕い、尊敬し、二人の親密な関係は、淡々斎が亡くなるまで続いた。

実は、幸之助は頭の回転が速く神経質で癇癪《かんしゃく》持ちだったが、そのような性格を努めておさえていた。そんな時に淡々斎と出会い、「お茶の心を得れば淡々斎のように周囲を和ま

裏千家老分会（昭和36年）
前列右から鵬雲斎若宗匠、登三子夫人（鵬雲斎若宗匠室）、嘉代子夫人（淡々斎家元室）、中列右二人目から淡々斎家元、幸之助

真々庵の茶室「真々」の席披き（昭和38年）
淡々斎宗匠夫妻を迎える松下幸之助夫妻

せる、穏やかな心情になれる」と思ったのだろうか。

淡々斎にこんな一文がある。

茶の湯が一つの〝道〟であることは、すでに、初期茶道時代に、珠光《しゅこう》が義政《よしまさ》公の問に答えて以来知られておりますとおりで、茶の湯の営みをとおして、人の人たる道を学び、高い理想を持って修業を続けて行くものであります。

（中略）

しっとりと打水された露地《ろじ》におり立って、自然の風物に接し、名香のただよって来る中に無言の迎え付けをうけて、すべてを忘却して静かに席入りの歩を運ぶとき日ごろは見ることのできぬ世界、真実の自己を見いだすのであります。(1)

淡々斎がよく口にしていた利休の精神、すなわち『南方録《なんぼうろく》』（『南坊録』とも）冒頭の「家ハもらぬほど、食事ハ飢ぬほどにてなる事也《なり》、是《これ》仏の教、茶の湯の本意也、水を運び、薪《たきぎ》をとり、湯をわかし、茶をたてて、仏にそなへ、人にもほどこし、吾《われ》ものむ」。この有名な一節が幸之助の胸にずしんと入り込んで来る。

「もともとお茶の精神は、ありあわせのものでお茶のこころを味わう、これが本道であるというのが教えですね」と理解し、茶の湯の精神性に共感し、その師として淡々斎を心から尊敬することになる。

淡々斎との別れ

昭和三十九年（一九六四）九月、淡々斎が北海道阿寒湖《あかんこ》畔で客死した時、遺骸が裏千家に帰るや、いの一番に幸之助が駆け参じ抱き付いて「何で私をおいて、早い！」と語りかけた。ふと見ると、背広に足袋姿であったという。

淡々斎夫人千嘉代子は当時をふり返り、

あちらさまのお邸（真々庵）の一畳台目でお点前されたのが貴方（淡々斎）の小間でのお点前の最後となりましたのも何十年の友情のお名残りでありましたろうか。そして松下様は今も朝毎一服のお茶を楽しまれご自身でもお点前をなさいます。（中略）忙中閑のまことの一服を味わっておられます。このようなことを繰り返しお話しているといかにもおうれしい時の貴方の笑顔が目に浮かんでまいります。(2)

と語っている。

九月十九日大徳寺にて葬儀が行われ、幸之助は葬儀委員長を務めた。そして弔辞で、

和顔愛語、こよなく人を愛し、まれ人にも愛された宗匠。天真爛漫、いつも若さと明るさを失わなかった宗匠。清廉潔白、曲がったことが大きらいであった宗匠。もうあなたのあのお顔に接し、あの屈託のない笑い声を聞くことはできません。また、あの格調高いお点前にあずかることもできません。しかしあなたのご精神は、われわれ一人ひとりの心に銘記しております。

と淡々斎を惜しんでいる。

余談ながら、幸之助が葬儀委員長をしたという記録は他になく、いかに二人の関係が特別なものだったかが窺《うかが》える。

真々庵

聚遠亭

京都南禅寺界隈《かいわい》に真々庵がある。南禅寺は亀山法皇に因む名刹《めいさつ》で、江戸時代、塔頭《たっちゅう》六十余院を有する京都随一の禅院であった。明治維新になると、幕府の後ろ盾がなくなり、また、新政府の廃仏毀釈《はいぶつきしゃく》、神仏分離の政策により急速に没落し、寺院領地の上地《あげち》が進んだ。その広大な塔頭の跡地は別荘地として民間に払い下げられ、明治二十三年（一八九〇）琵琶湖疏水《そすい》完成と相俟《あいま》って、山県有朋の無鄰庵《むりんあん》をはじめ大別荘が次々と建てられた。それら別荘のほとんどの作庭を手がけたのが、七代目小川治兵衛（植治《うえじ》）である。

真々庵の土地も南禅寺塔頭の一つであったが、明治二十年（一九八七）頃、木村栄吉の所有となり、その時はや一部の庭ができていた。明治三十七、八年頃、鐘淵《かねがぶち》紡績の創業にかかわり重役となった事業家染谷寛治《そめたにかんじ》の別邸となる。染谷は、当時茶人としても有名で、大正八年（一九一九）の佐竹本三十六歌仙絵巻切断に際し、「藤原兼輔」を入手したほどであった。染谷は、庭師七代目小川治兵衛に命じ、千五百坪（約五千平方メートル）の敷地に、完成したばかりの疏水から水を引き入れ、滝、流れ、池泉を作り、東山と南禅寺山門を借景とした池泉廻遊式庭園聚遠亭《じゅおんてい》を作った。

庭園には頼山陽の「静観」の扁額《へんがく》が掲げられた書院の他、白隠禅師の「毘盧界《びるかい》」扁額が掛かった三畳台目茶室、二畳台目向板の茶室と腰掛待合などがあった。二畳台目向板茶室は右に勝手がある、いわゆる逆勝手の向切で、染谷の数寄者としてのこだわりを彷彿《ほうふつ》させる珍しい茶室である。

昭和三十六年（一九六一）、幸之助は松下電器の社長を退き会長となり、一時中断していたＰＨＰ（繁栄によって平和と幸福を）活動を再開するための場所を模索していた。ちょうどその折、南禅寺にある聚遠亭を紹介され入手する。実は、聚遠亭は、その前にも別の人より別荘にどうかと打診があったが、その時には、社長として社業に多忙であり、また身に過ぎたものだと断った。二度も同じ庭園を紹介されるとは、よっぽど縁があるのだと思って決断したと後年語っている。

庭園の大改造

幸之助は入手してすぐ、庭師川崎幸次郎《こうじろう》に命じ庭園の大改造に着手する。庭園大改造の一期工事は昭和三十六年五月より始まった。

私（幸之助）が真々庵の庭園を入手したとき、その庭の改造をしてみようと思い立って、

聚遠亭の前で

川崎氏に依頼した。水の流れの配置を変えたり、池の島を小さくしたり、その他庭木を整理したり苔を多く敷くなどいろいろと手を加え、その結果でき上がったのが今の真々庵の庭である。私からも川崎氏に「ここはこうしたらどうでしょう」と、思いつくままに作意を出したのであるが、それらをひとつひとつよく受けとめて、実に見事な庭をつくって頂いた。(3)

幸之助の注文は、庭石、樹木、池や苑路《えんろ》など、庭全体にわたり、かつ極めて具体的であった。また庭についてのあり方、精神性な心構えについても自らの考えを説いた。そのことについて、庭園大改造を請け負った川崎は「作庭覚書」に、次のように記している。

ご主人様(幸之助)にはじめてお目にかかったときおともをして庭を一巡しながら、いろいろとご指示をいただいた。

ご主人様は、むかしの武芸者、宮本武蔵や荒木又右衛門といった達人は、身に寸鉄を帯びず、敵を制したように、庭も同じ気持ちでやってくれ、といわれ、その禅問答のようなお言葉には思案にあまったものである。(4)

川崎はそのことの意味を一生涯自らの課題と受け止め、常に問い続け、後年次のように語っている。

これ（禅問答のようなお言葉）は、庭に派手な色目の石を据えたり、人工的な樹木を植えたり、大きな灯籠をいくつも立ててはならないという意味に解釈しております。以来、私はこの言葉をいつも頭におき、地味でごく日常目にする平凡な石でも大切に使い、穏やかで静かな庭、あまりてらいのない庭造りにつとめております。(5)

ある時もう一つ飛石が必要と思って自宅からとっておきの石を据えた。ご主人様はそれを目敏く見付けられ、〝どうしたんや〟とお尋ねになった。良い石でしょう、中々こんな鞍馬石はありません、と答えた。じっとご覧になられていたご主人様は、〝せっかくやけどこれ持って帰ってくれへんか、ワシはこんないいもんはいらんのや、普通の石でええ、あんたの腕が見たいんや〟とおっしゃった。(6)

事実、真々庵にはこれといった景石や灯籠はない。強いて言えば、出雲国分寺の礎石と、中の島に立つ破損してはいるが奈良期の石造層塔ぐらいであろうか。

ところが、小川治兵衛の作った元の庭には良い石が沢山使われていた。当時の庭造りでは、庭師は施主の意向に沿って名石や珍しい樹木を選び、好みの庭を造る。いかにいい石を庭に点在させ、しかも全体を美しく仕上げるかが腕の見せどころであった。同じ庭師の造りでも、施主が違うと全体の印象も変わる。しかし、いずれの庭でも由緒ある時代の名物灯籠や名石を自然に配置し、庭の格を高めるのが、治兵衛のやり方であった。

幸之助は、そんな名石や名物灯籠、珍しい樹木を排除するよう川崎に指示する。例えば、中之島には立派な筏型《いかだ》の石橋が架けられていたが、それを取り除き、土橋を作らせた。土橋の方が庭に溶け込み、受ける印象が柔らかく、渡る時の足裏から受ける感覚がやさしい。そんなところにまでこだわった。

では、どうして幸之助に庭造りの知識があったのであろうか。幸之助は、それまで庭造りの経験はない。しかし、大変勘の良い人だった。川崎の話を聞いて、庭園デザインの構成や表現方法を概ね理解したと思われる。そして、その頃考えていた「宇宙観」「人間観」の実践として庭造りをする。「宇宙の万物一切にはそれぞれ固有の特質が与えられていて、そこにそれぞれの存在意義というものがある。ウシにはウシの、ウマにはウマの、木には木の、石には石のそれぞれに特質がある。それぞれの特質に基づいてこれを生かせば、宇宙にはたらく自然の理法にかない、つねに生成し、たえず発展する、生成発展の世界が実現する。それが人間に課せられた使命である」と考えていた。

そして、小さな路傍の石も、灌木も、その特色を最大限に発揮するように配置するならば、庭全体は美しく調和するように自然はなっている、それには際立って優れた特質を持つ石や樹木は必ずしも要さない、と。

またその考えは、建築物にまで及ぶ。離れ座敷については「江戸末期ごろの建物（書院）があったが、それも取りこわされた」という。さらに、「毘盧界」席など二つの茶室も「まえは茶室と腰掛待合があったが、とりはらわれて、新しく盛土して整地され、白砂をまいて杉の木を十五、六本補植した」という徹底ぶりだった。

その様子を川崎は、「門より玄関に至る通路は、ゆったりとした板石敷の延段《のべだん》に改造し、庭への境界は鉄砲垣《てっぽうがき》で区切り、階段を下りて庭へ通じるようにした。この付近の景観は、ほとんどむかしの面影がないほど改造された」と記している。

また、庭園については池廻りを中心に大々的に改造した。幸之助は改造中頻繁におとずれ、全てにわたり詳細な指示をしている。川崎は、座敷前の小流れを芝生にかえ、斜面はサツキの大刈り込みに、景をあらたに池を拡大した。石組は全部これをやりかえ、芝生がその上におおいかぶさるようにして石組のもつ強さはさけた。これで池の全体の線はやわらかくなった。灯籠をうつしかえ、中島を小さく縮小し、池の周囲をめぐる苑路全体のつけかえはご主人(幸之助)が歩かれて、そのつど改修して現在のものとなった。(中略)歩き方一つで変化がいかに楽しめるか、苑路の線のやわらかさ、視覚的に、限りなく映るよう工夫をこらした。(中略)景観の移り変わるにつれて、思わず知らず自然のうちにとけこんでいくように心がけることではないかと思った。(7)

と、その指示の内容を記している。

さらに幸之助は、光の見せ方、音の聞かせ方にも細やかな神経を使った。座敷から見た地面の反射光のゆらぎ、流れのせせらぎの音、滝の音をも調整させた。ほど良い音で池の水が流れ出るよう小さな落とし滝の高さを変えさせた。白砂や砂利を踏む音にも神経を使った。いわば、五感を総動員し心血を注いでといった情熱の入れ方である。「ご主人様は、〝庭作りというのは難しいものやなあ〟と申されたり、〝腹八分目というが、この庭も八分

改造前(上)と改造後(下)の真々庵の庭

目ぐらいか……〟と、おたずねになったものだ」。

一人娘の松下幸子は当時のことを次のように回想している。

京都の真々庵も母の知らないあいだに買ってしまって、母に〝見にきたらあかん。こんな荒れた屋敷をなぜ買うたって、きっというに決まっとるから、ちゃんと整備するまで見せへん〟といっていいました。〝そら、あれを見てたら、私は反対したわ〟って母は笑っていいました。今では真々庵のお庭も大変きれいになっていますが。(8)

自然の佇まい

第一期工事が完成した昭和三十六年(一九六一)八月十八日、幸之助は自ら「真々庵」と命名し、PHP活動の拠点とした。庭造りの情熱は、完成後も衰えることはなかった。座敷に座ってじっと見入ったり、苑路を廻って色々と指示をしたという逸話が数多く残されている。

ある日、ご主人様(幸之助)がみえて、この赤松は処分したらどうかといわれたが、わたし(川崎幸次郎)はおしいような気がしたので、今一度お考えをあらためていただくようお願いしたが、それから何度もおみえになり、とうとうご意向にしたがって処分してしまった。

その赤松が取り払われてから、意外にもその付近は、視界がひらけパーッと明るくなり、残った赤松もいきをふきかえしたようにいきいきとしたのだった。反省してみて、わたくしは、処分した赤松が幹も太く、姿の美しさにひかれたあまり、ついつい庭全体の見透しがくもり、それにひきかえて、ご主人様の示唆にとむお考えにまったく敬服したものだった。(9)


現在の真々庵の庭を見ると、庭全体に自然の空気、自然の佇まいを感じる。石、水、樹木、芝、苔は自然の空気の中に溶け込んでいる。在るべき所に配置されているのだが、一つとして際立って目立つものはない。全体が、実に見事に調和し、自然である。

また、千五百坪といえば、南禅寺界隈の庭園ではそれ程広くはない。しかし、狭くても奥行きがあり、しかも、平庭でありながら、高低差を感じる。実に自然の持つ柔らかさ、豊かさ、余裕を感じさせる。正しく幸之助の哲学が表現された庭だといえる。

京都東山に、真々庵という庵があります。岡崎界隈の静けさの中でも、ひときわ静寂な一角です。僕（幸之助）はここにこもってＰＨＰの想を静かに練るのです。どうです、いい名前でしょう、「真々庵」。語呂がよくて、憶えやすいのです。〝シンシン〟は全てに通じますよ。このあたりは静かでしょ。雪でも降ったら、さらにシンシンなのですよ。これを指すほか、また真実の真でもあります。その真を二つ重ねて、真実を追究する意気込みをも示しているのです。僕は自分が名づけた「真々庵」を気に入っているのです。(10)

幸之助は、真々庵を道場と考えていたので、寝泊まりはしなかった。すぐ近くに楓庵《かえであん》という、これも小川治兵衛の庭がある以前旅館だったところを私邸とした。高台寺土井、京大和、瓢亭などから料理をとり、私的な事は全てここでしていた。真々庵にはそこから朝通うのが常だった。

また楓庵にも、付近の他の別邸同様に、疏水から引いた流れがあり、そこに見事な鞍馬石の橋が掛かり、灯籠、沓脱石《くつぬぎいし》、景石などを贅沢に使った美しい庭があった。幸之助は来る都度庭に下り石橋を渡ったり、また座敷の炬燵《こたつ》から一人眺めていたりしたが、庭はどれもさわらずそのままにしていた。庭木の剪定《せんてい》もあまりしなかった。「娘が語る『父と母の生きざま』」によれば、一人娘の幸子が結婚して家を建てる時、幸之助に「お客さんを呼ぶんなら大きな家を建てて、呼ばないなら小さくしとけ」と言われたという。そのことでも分かるように、幸之助は自分のこと、自分の楽しみには、あまりお金を使わない人だった。真々庵はあれほど自らの意に沿うように徹底的に手を入れたにもかかわらず、楓庵には手をかけていない。頭の中では、真々庵と楓庵とをしっかりと区別していたのだ。

そんな幸之助に、真々庵の白砂と杉の庭について聞かれた時の話が残っている。

あれは竹藪を、杉の木立を利用して、下を荒くして砂をまいたんです。それが非常に感じええいうて皆さんほめてくださるんですわ。僕にしてみたら、そこに茶室があったんですが、かえってきたないからね、とってしまった。石やらいろんなもん置いてあったのを全部とった。

またそれが一番安くつくんです。平らにして砂をまくのが経済的なんです。それが非常に芸術がかっているというて、見る人が言われるんです。面白いもんだと、僕自身が感心してるんですよ。

だから、構造でも構造美と言いますかね、実用的な機械でもこさえましょ、鋲なら鋲を必要なところにいれる、その必要なところに鋲を入れるということが一つの美になるんですな。

そういうのが今非常に望ましいんではないかと思う。ことさらに鋲を出すのではなくして実用的な面で鋲を出す、ちょうど今の庭の話と一緒でね、僕にしたら経済的に考えてあれをやったんですよ。見た人はこりゃ非常に高級だと、金のかからんように手数のかからんようにしたものが、芸術家が見ると、高度な芸術味が出ていると。そういう意味で面白いもんだなと思いました。(11)

などとさらりと述べているが、実は幸之助は非常に繊細で、神経質な面があり、何をする時もじっくり考えた。しかし、人にはそのようなことなど言わず、むしろいま思いついたのだがというふうにさりげなく語ることが多々あった。この対談の話も幸之助のシャイな一面をうかがわせる。

余談だが、川崎幸次郎は、当時、京都の数寄屋の作庭において一目置かれる存在になっていた。そして、他の現場に行っても「松下さんはこうだ」と幸之助流で作庭をしていた。

そして、いつしか、こんな噂が流れる。「幸次郎」は本名ではなく、幸之助の「幸」をもらい、幸之助に次ぐという意味から「幸次郎」と改名した、と。それ程、川崎は幸之助に心酔し、幸之助の宇宙観に従った庭を数多く残している。

真々庵の茶室

現在、真々庵には一畳台目向板付向切の茶室「真々」と、立礼《りゅうれい》の二つの茶室がある。両室とも数寄屋大工中村外二《そとじ》の施工である。

旧茶室

染谷別邸聚遠亭には、白隠禅師の「毘盧界」扁額がかかった名席三畳台目茶室と、数寄者好みの珍しい二畳台目向板付逆勝手向切茶室が庭園東北に、また母屋の北側には飛び出た形で二畳台目向切茶室があったが、今はない。では、染谷邸の三つの茶室はどうなったのか。通常、茶人は先人の茶室を理由もなく壊すことはしない。まして、幸之助は、茶室に特別関心を持ち、各地に茶室を建てた茶人である。

実は、庭園の東北にあった二席は、腰掛待合とともに嵐山の吉兆に移築されていた。当時、幸之助は数寄者としても有名な吉兆主人湯木貞一《ゆきていいち》に「最近買った東山の別邸にえらい

茶室「毘盧界」内部

茶室「毘盧界」外観

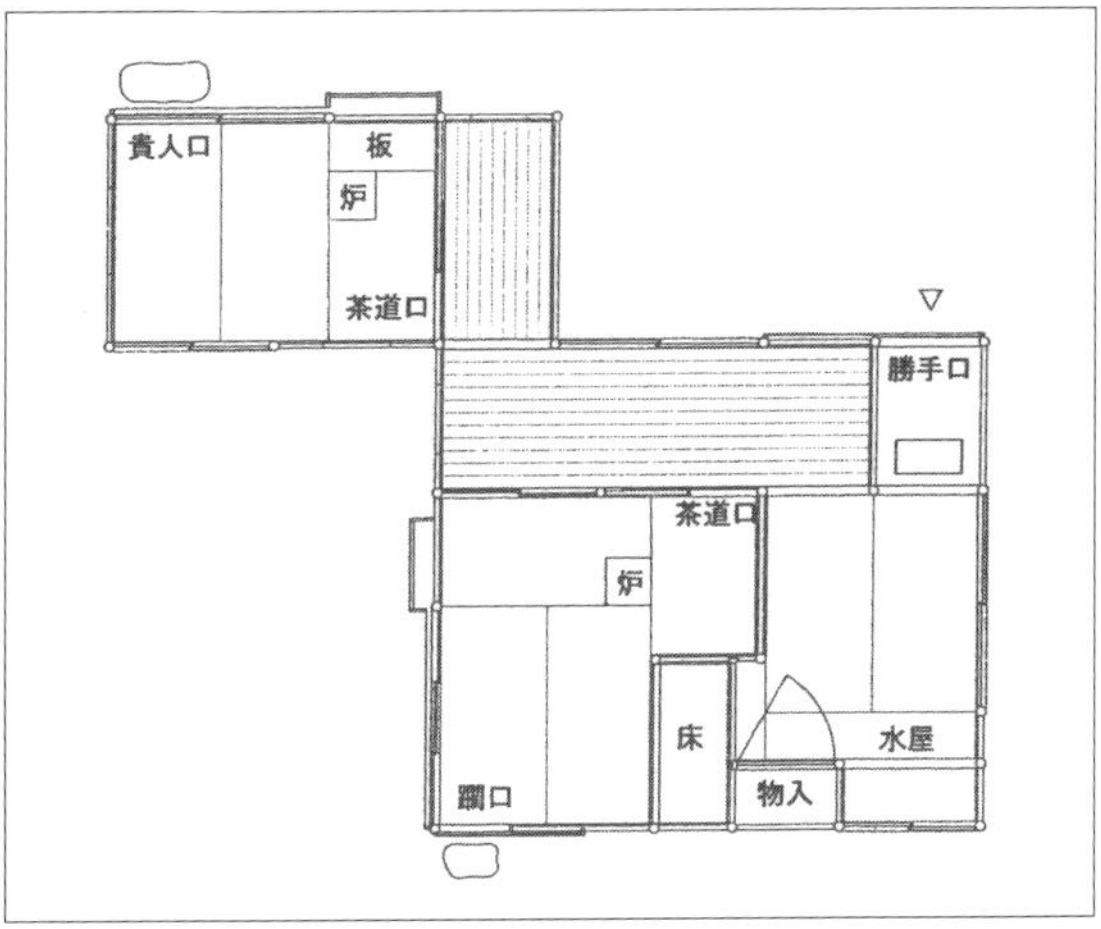

茶室「毘盧界」平面図

良い茶室があるのや。あんなもん持っていれば道具屋が煩《うる》そうてかなわん。すまんけど貰うてもらえないやろうか」と頼んだ。それは二人でサウナに入った時だったと言うが、真偽のほどは分からない。後年、幸之助は守口市の松下病院で暮らすことになるが、湯木が毎日幸之助の好きな献立で食事を届けている。その時の湯木自筆の献立控えが今も残っている。二人の間柄は、当時からかなり親密であった。

湯木は即座に「おおきに、それじゃあ」と承諾する。その時茶室だけでなく離れの書院も引き取ることになった。その書院は十畳と長四畳の隣室があり、縁の化粧軒裏《のきうら》に六間のくぬぎ丸太が通った特徴のあるものだった。数寄屋大工西川富太郎が書院と茶室を解体し、嵐山の吉兆に移築した。書院は嵐山吉兆の玄関を入った突きあたり正面に移され、「待幸亭《たいこうてい》」と名を変えて、吉兆でも最上級の座敷として今も使われている。床廻り、欄間《らんま》は変わっているが、縁やくぬぎ丸太は当時そのままで、おおらかな風情を当時のまま伝えている。

聚遠亭の茶室は「待幸亭」の前露地に腰掛待合と共に移築された。三畳台目の茶室は「幽仙《ゆうせん》」と名を改め、二畳台目向板付の茶室は本勝手の一畳台目向板付向切に変えられた。完成の折幸之助もお茶事に招かれている。その後「幽仙」は、湯木の米寿を期し、昭和六十三年保津川《ほづがわ》上流の清滝に再移築され、現在に至っている。

茶室をつくる

真々庵母屋の改造も西川が手掛けた。母屋北側にあった二畳台目の茶室を撤去し、母屋北東、庭に突き出た六畳台目向切「青松」茶室がこの時作られた。後に立礼席に改められるが、お客様とのお茶はほとんどこの「青松」茶室が使われた。庭から直接席入りができ、なかなか使い勝手が良かったらしい。

真々庵の茶室「青松」から顔を出す幸之助
（昭和36年）

幸之助は「宇宙の根源の力によって自然万物は創られ、その力は自然の理法として、一木一草の中にも生き生きと満ち溢れている。そして自然の理は衰退死滅でなく生成発展である。したがって何にもとらわれない素直な心で理法に従い、衆知を集めて努力する限り、物事はうまくいくようになっている」と考え、庭の大改造の翌昭和三十七年（一九六二）四月十八日に「根源社」を建立した。北庭の、以前「毘盧界」席があった付近だ。

　幸之助は来庵すると真っ先に根源社に行き、その前に円座を敷いて座り感謝の心をささげ、今日一日素直な気持ちでいるよう祈ったのだった。

　さらに昭和三十八年（一九六三）十月二十三日、根源社の東南に新たに茶室を建てた。設計は仙アートスタヂオ堤順一郎、施工が中村外二、露地を川崎幸次郎が担当した。茶室工事は六月五日、茶室をつくらせて頂くための土地に対する礼から始まった。そのとき読み上げられた「真々庵に茶室を作ることの意義」で、幸之助はこの茶室を、ＰＨＰの真理を究める「天与の道場」たる真々庵の「使命の一環をなすもの」と位置づけ、また茶の湯については、「限りなき先人の教えが含まれ」、瞑想・清談によって「安らぎと潤おいとそして勇気とを与えられる」と述べている（原文は五一頁参照）。

　茶室披きは昭和三十八年十月二十三日、幸之助とむめの夫人が淡々斎夫妻を迎えて行われた。幸之助が「真々」と命名し、淡々斎揮毫《きごう》の扁額が掛けられた。新席にて幸之助自ら薄茶点前をした。続いて母屋の庭に面した座敷で懐石があった。それ以来この茶室「真々」は、幸之助にとって特別な存在になるのである。

　茶室「真々」は、裏千家「今日庵」写しと言われる、檜皮葺切妻屋根《ひわだぶききりづまやね》の一畳台目向板入向

真々庵の茶室「真々」の前で

真々庵の茶室「真々」前の蹲踞（『茶室集録』より転載）

「真々」床（『茶室集録』より転載）

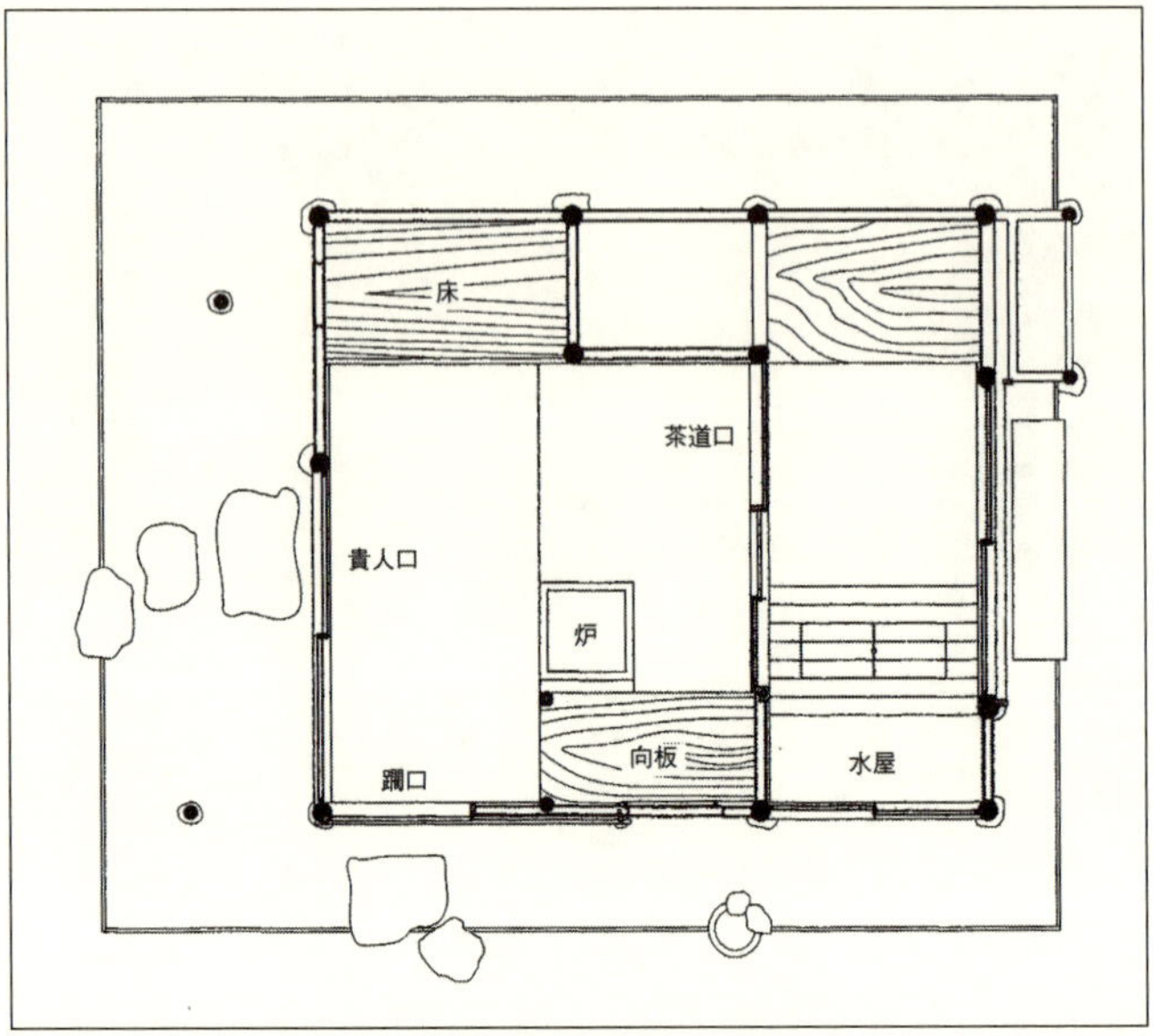

真々庵の茶室「真々」平面図

切茶室である。しかし子細に見ると「今日庵」とは異なる箇所が多い。「今日庵」は壁床であるが、「真々」では同じ所が蹴込床《けこみどこ》となっている。また茶道口は勝手付のいわゆる〝廻り茶道口〟であり、西側切妻に庇《ひさし》を付け、そこに〝貴人口《きにんぐち》〟もある。日常、幸之助はこの貴人口を使って出入りしていた。

「真々」は、幸之助の理念の中核的な建物として建てられたにもかかわらず、他の一般的な茶室には見られない箇所が多々ある。一つは、茶室内側の壁が中塗りのままであることだ。床の中釘も、上塗りを想定し、その厚みだけ浮いて付いている。上塗りをする前に何らかの事情で工事を中止している状態である。また、水屋に冷房装置が付いていた。昭和三十八年当時、配管が地中を通り、塀の外に水冷の冷房装置の大型ファンが設えてあった。昭和四十年代にセパレート式の冷房機に変えられ、現在は埋め込み式のエアコンになっている。多分、茶室に冷房機を設置した例として、日本で最も早かったのではないか。茶室に冷房を持ち込むなど〝茶人の風上にも置けぬ〟と思われていた時代にあって、なにごとにもとらわれない、先を見通す合理的な発想の一面がうかがえる。

さらに天井にはフック式の電灯が付けられている。ドイツのシーメンス社製のものだ。それについても、こんな逸話が残っている。幸之助が照明器具の技術者を呼び、フック式の電灯は便利だから、この様なものは出来ないか、と問うたが、電極が露出しているもので感電の恐れがあり、日本の法律では商品化出来ない。担当者は、一旦出来ないと断わるが、そんなことで諦める幸之助ではない。そこで工夫の結果、現在、一般的に普及している天井照明用アタッチメントコンセントが開発された。お茶をしながらも、事業のことが片時も頭から離れなかった幸之助の逸話である。

先年、檜皮葺替工事の折、屋根裏より「奉根源　施主松下幸之助」と墨書された棟札が発見された。これによると、茶室も根源社に奉仕するものであったことがわかる。幸之助にとっては、お茶も、独立したものではなく、宇宙の根源の理法と一体化されたものであったのだろう。あるいは、茶室「真々」を、根源社と対座している自分自身の姿と重ねていたのかもしれない。

茶道の普及と茶室の寄贈

戦前の茶の湯

戦前は、多くの実業家が競って茶の湯を楽しんだ。

その代表格が、三井財閥大番頭の益田鈍翁（一八四八～一九三八）、三越の野崎幻庵《げんあん》（一八五七～一九四一）、東武電鉄の根津青山《せいざん》（一八六〇～一九四〇）、住友当主の住友春翠（一八六四～一九二六）、阪急電鉄の小林逸翁（一八七三～一九五七）、電力王の松永耳庵《じあん》（一八七五～一九七一）、野村財閥の野村得庵《とくあん》（一八七八～一九四五）、荏原製作所の畠山即翁（一八八一～一九七一）らだ。

仏教美術や西洋のものを茶の湯に取り入れたり、広大な庭園に茶室を点在させその意匠に凝ったり、蒐集《しゅうしゅう》した古美術、茶道具を使った大茶会を催したりと、そのスケールの大きさ、作意は目を見張るものがある。名物道具を競い合い、一道具に豪邸が建つような値が付き、またそれを入手するや得意満面でお披露目の茶事をしたなど、逸話には事欠かない時代であった。

真々庵の東に碧雲荘《へきうんそう》がある。野村証券、大和銀行などの創業者野村得庵（徳七）の別邸で、十一年の歳月をかけて昭和三年（一九二八）に完成した。庭園の面積約五千二百坪、東山を借景に庭園の半分を占める広大な池が拡がり、池のほとりに書院、茶室、灯籠、奇石を点在させ、南禅寺界隈屈指の山荘として名高い。庭園は七代目小川治兵衛・保太郎親子、建築は数寄屋大工北村捨次郎《すてじろう》が担当し、内装には琳派画家神坂雪佳《せっか》が描いた障壁画や、雪佳がデザインした欄間が用いられた。庭の一木一石、建物の細部まで得庵自ら指示をし、彼の王朝風の美意識と心意気を余すところなく表現している。

また得庵は茶道具の蒐集にも並々ならぬ情熱を傾け、遺言書の中に「所蔵品には自己の精神が籠っているから断じて散佚《さんいつ》せしめないよう」戒めている。こうして蒐集した名品をもって数々の茶会が碧雲荘で催された。その質とスケールは豪壮であった。

邸内の各茶席で濃茶、薄茶の釜が懸《か》かり、名物道具の数々が披露された。高橋箒庵《そうあん》によって「蘆葉舟《ろようしゅう》」と名付けられた舟が池に浮かび、そこに薄茶席が設けられた。大書院に宴席が用意され、夕刻ともなれば能舞台で薪能が演じられた。当時の数寄者たちの茶会は概してこのようなものであった。「茶の交会に至っては人間交際の最高の礼儀の道場として、而して其の用ふる珍什名器は客を尊敬し、接待を丁重にするが為であれば」とし、「和敬清寂の四字は実に茶道の真髄であって、茶道は礼儀のみでなく、道徳のみでなく、学問のみでなく、芸術のみでなく、此等の全部に通ずるものであって、一大美的価値を有して居る我国特有の一の大道である(12)」と得庵は自らの茶道観を語っている。

茶道には、このように常に新しい美を取り入れ道具にこだわりを強く持つ「数寄」と、禅の精神に代表される求道的な「侘《わ》び」の二面性がある。「数寄」は知的な遊びであり、座の芸術であり、主客の美意識が主張し合ってそれを楽しむものである。当時の実業家の茶の湯は正しく「数寄」であり、創意、見立て、趣向を重んじ、道具を競った茶の湯であった。それら数寄者達のコレクションの多くは、その後美術館となって残っている。五島美術館、根津美術館、泉屋博古館、野村美術館、畠山記念館、逸翁美術館などである。一方「侘び」は「茶禅一味」ともいい、茶道の精神性を重視し、在家の露地草庵にあって禅の境地に達しようとするものである。

彼ら近代数寄者からやや遅れて茶の湯を始めた幸之助は、逸翁や耳庵との交流はあったものの、彼ら数寄者と道具を競い合うことはなかった。幸之助も多くの名物道具を所持し、一時は「松下美術館」創設の志を持ったようであるが、それよりは茶道の中の日本民族の伝統と精神文化の方に強くひかれていった。いわゆる「侘び」に傾斜するのだ。

精神性に惹かれ

お茶の精神には、日本のすぐれた伝統精神というものがありますね。戦後、日本の文化として残っておるものはいろいろありますけれど、(中略)その中で、茶道なんかは、日本独自の創造文化といえましょうね。(中略)しかも、非常に庶民的ですし、また、たいへん格調のたかいものでありますね。(中略)

(前略)それに上下の隔たりがない。しかも、利休さんの考え方は平和であり、自由である。だから、現在の民主主義と同じです。お茶は、あの当時から民主的だったのですから感心ですな。(中略)将軍と町民とが同座しますものね。

お茶の精神というものは、どの思想よりも新しいものがあります。しかも四百年前から今日と変わらない自由、平和の精神が生かされていたのですから。(13)

と、興味は茶道の持つ精神性に、またさらにそれを生み出した日本人の心や伝統、思想などに向けられる。

それは幸之助が仕事をする姿勢と全く同じである。常に、何のための事業か、本質をつきつめて考え抜いてから事業を行う。いわば、まず理念ありきの方法であった。逆に言えば、茶道に深い精神性を感じられなければ、とっくの昔に茶の湯を止めていただろう。

さらに、「このようにすぐれた日本人、日本の伝統をもっとみんなが、ひとりひとり認識して、これから先へと受け継いでいかなければならん時だと思います」と次第に茶道の普及に努力するようになった。

ところでお茶というものはそういう和敬清寂の精神をもっているけれども、やはりそのお茶の精神というものは、お茶室というものと相まって生きてくるものだと思う。もちろん、どこで点てのもうともお茶はお茶の味がするであろう。だからとりたてておお茶室というものがなくてもかまわない、という見方もできるかもしれない。けれども、やはりお茶室というものがあってはじめて、お茶というものも真の光彩を放つのではないかと思われる。だから、茶道の大宗匠である千利休も、お茶室については

やはりそれなりの深い考えをもって、いろいろと工夫をこらしていたようである。(14)

茶室の寄贈

幸之助は、国民に茶道に親しむ機会を出来るだけ多く持ってもらうには、公共の場に茶室を設けるのがよいと思い立ち、茶室の寄贈をするようになる。茶室の寄贈は昭和三十七年(一九六二)京都美術倶楽部「松庵」が最初だが、公共的な場所としては、昭和四十年高野山金剛峯寺本堂西の「真松庵」を初めとする。それから辯天宗の「智松庵」、国立京都国際会館の「宝松庵」、中尊寺本坊の「松寿庵」、大阪城西の丸庭園の「豊松庵」、四天王寺の「和松庵」と続き、昭和六十年四月の伊勢神宮の茶室まで十五を数える。そのほとんどが設計は仙アートスタヂオ堤順一郎、施工が数寄屋大工中村外二、露地が川崎幸次郎という真々庵以来の組み合わせだった。

幸之助は、本来、理念重視のソフト人間である。「サービス、サービス」と、ハードを活かすためのソフトの重要性をよく言っていた。茶室の寄贈もそうだった。箱物だけでは使われなくなるのをよく知っていて、茶道具はもちろんのこと、メンテナンス料を付けて寄贈した。伊勢神宮や「宝松庵」では、それによって専任の職員がつき、運営を行っている。また、寄贈された茶室を年代別に見ると、世の中の茶道の変化をどのように見ていたかが

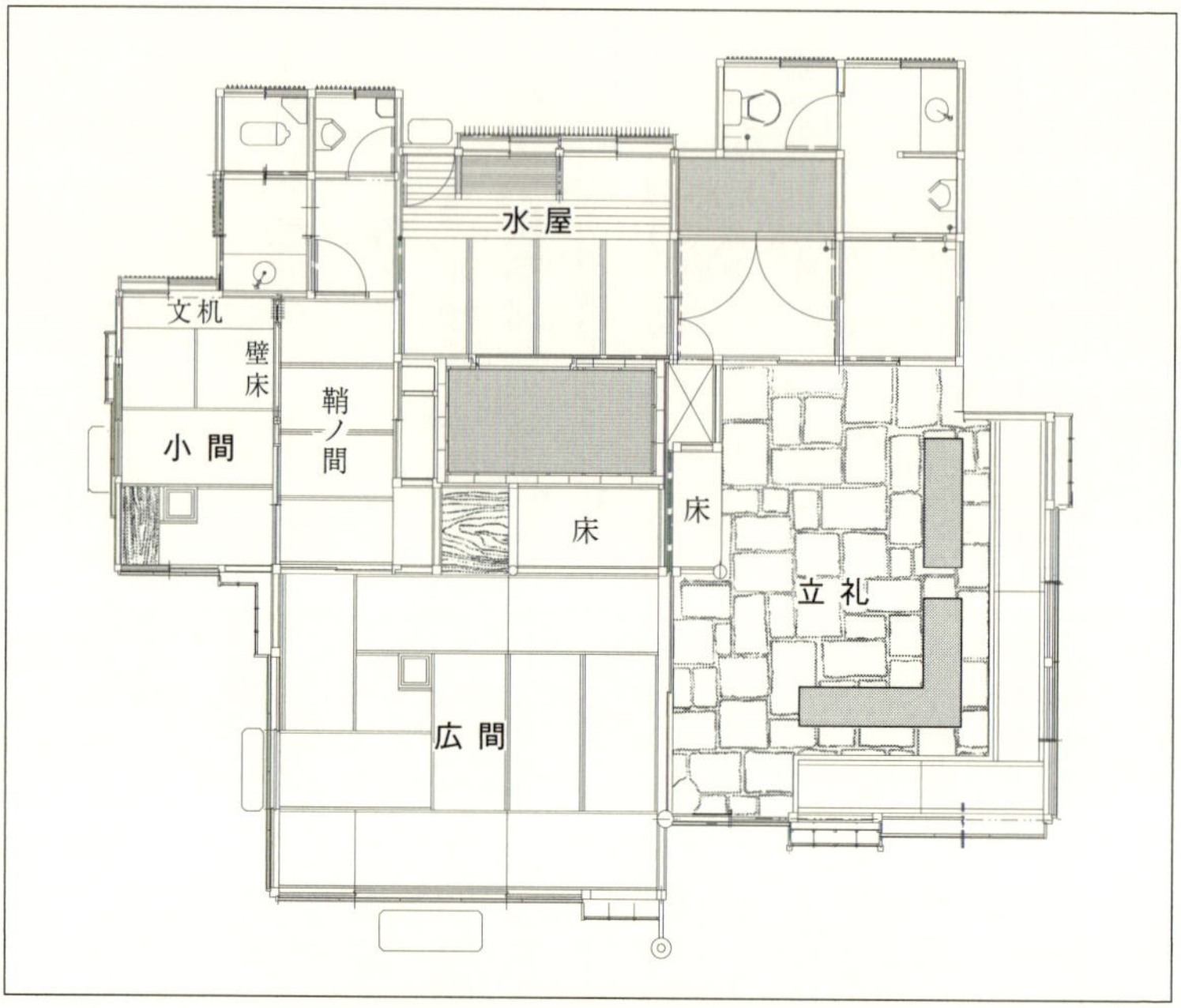

国立京都国際会館の茶室「宝松庵」平面図
（国立京都国際会館提供のものを加工）

わかる。

　昭和四十年（一九六五）頃までは、小間席と広間席の組み合わせだったが、昭和四十二年「宝松庵」には、立礼席が加わった。以後、ほとんどの寄贈茶室には立礼席がついた。逆に、昭和四十五年の四天王寺「和松庵」から、小間席を設けない組み合わせが多くなる。また、広間席も、八畳から十畳と一段と広くなる。

　幸之助の考える茶道の普及は、必ずしも茶人の育成ではなかった。一般の市民が気軽に茶の湯に親しむ機会を得ることで、日常の煩雑さから一刻解放され、心のやすらぎを得る。その心のあり方を重視したのだ。そのためには、小間席より広間席、それよりも立礼席が取っ付き易いことは明白である。

しかし、だからと言って幸之助が広間席を好んだかと言えばそうではない。自身は広間席より小間席が好きだった。常に使っていた自宅「名次庵《なつぎあん》」の茶室は四畳半、松下電器本社の茶室も四畳半、真々庵には一畳台目、松下政経塾には二畳中板付という侘びた小間茶室がある。自分の好みとは別に、世の中の流れに逆らうことなく、その上でお茶の心に一人でも多くふれてほしい、と考えた。

この人類の一大転機において、これからそれを推進していくのは、なんといっても若い人びとであろう。その若い人びとが、お茶を通じて、この転機に処していく上で大切な心の落ち着き、素直な心を養い高めていくことはまことに好ましい。その意味では、茶道がさらに一段と普及し、より多くの人びとがお茶をたしなむことは意義深いことであり、茶道興隆に力を入れることは、それだけこの一大転換をあやまちなく進めていく一助にもなるわけである。

自宅「名次庵」の茶室で点前をする幸之助

いずれにしても、今日はそういう時期であり、お茶の持つ今日的意義はまことに大きい。(15)

今日のこのいろいろと問題の多い混迷の世の中において、お茶室を建て、こういう茶道を広めていくことは、お互い日本人の精神文化の向上のためにもやはりそれなりに意義のあることではないかと思う。またそういうこととあわせて、お茶室建築の伝統・伝統美というものをありのままに残すということもまたそれなりに意義が深いと思う。(16)

日本万国博覧会の松下館

茶の心

昭和四十五年(一九七〇)、日本万国博覧会が開催された。当時の日本は高度経済成長が始まったばかり、アメリカンドリームさながら、物が豊富にあふれだしていた。幸之助はそのような状況に対し「物質文化が先行して精神文化が停滞している」と危機感を持ち、「今こそ人々がお茶の心を持って物質と精神文化が調和しつつ進歩しな

日本万国博覧会（EXPO'70）**松下館**（(株)荒木造園設計 提供）
吉田五十八設計、荒木芳邦造園。吉田・荒木はともに中宮寺本堂を手掛けた。

ければならない時だ」と考えた。

万博の松下館の構想を練っていた幸之助は、和風意匠建築の第一人者である建築家吉田五十八《いそや》が、ちょうどその頃設計した中宮寺の新本堂を見て、これだ、と直感する。池の中央に浮かぶ御堂の瀟洒《しょうしゃ》な佇まい、世界の人に「茶の心」を伝えたいとの思いにふさわしいデザインだと思った。

かくして、オープンを直前にして工事用シートがはずされ、万国博松下館の全貌が現れた。それを見た幸之助は、堂々としたまるで御殿のような姿に一瞬目を疑う。「見たところの感じでは建物が大き過ぎる。なんとか、もっと小さく小振りな感じにするよう吉田さんに頼みなさい」。びっくりしたのは横にいた竹中工務店の責任者だった。吉田五十八にしてみれば、エレクトロニクスメーカーとして、松下電器の未来技術を世界にＰＲするパビリオンのデザインを依頼されたのであって、まさか幸之助が茶室をイメージしていたとは、夢にも思わなかっただろう。

今からでは変更できないと聞いた幸之助の顔色はみるみる変わり、「建築の模型を見て想像していた全体のバランスから言って、この大きさでは池や竹林との調和が悪い。建築家は素人の施主がどのようにイメージしているか、汲み取るのが、プロちゅうもんや」と譲らず、緊張した空気が流れる。結局、周囲に松など樹木を植え、孟宗竹を一万本に増やし、内部に大きな和傘を立てるなどということで落ち着いた。

日本万国博覧会のテーマは、「進歩と調和」というのでしたね。ぼくはこれ間違いじゃないかと思っています。これは反対にしなくちゃいかんのです。「調和と進歩」というテーマに切りかえないと。たえず「調和」を先にもっていって「調和しつつ進歩」していく、こうしたら絶対に物質文化と精神文化のアンバランスはおこりません。(17)

そして、松下館のテーマは「伝統と開発」となった。万博の半年の期間中、松下館に七百六十万人が入館した。幸之助は会期中に何度も足を運び、出来るだけ多くの世界の人々に一服のお茶を飲んでもらい、日本文化の伝統精神、「お茶の心」を広めることに努めた。いわば、物質文化に対する警鐘でもあったのだ。淡々斎夫人千嘉代子は万博の松下館茶席を次のように評している。

会長さん(幸之助)は万人に一服のお茶をという心意気を実現なさったのでございます。貴重なお道具をさまざまお持ちのご老分松下様がそれに全くこだわらずほとんど無際限に点てつづけられたその姿こそ批判をこえ、すべての範となられた、いわば茶心の一端でございましょう。(18)

印刷の箱書

万博の茶席で使った数茶碗は、新しく焼かせた朝日焼の井戸形茶碗だった。それは、自らの茶名が「宗晃《そうこう》」、号が「陽洲《ようしゅう》」、自宅茶室が「光雲《こううん》」であることなどから考えるに、「朝日」の名が気に入り用いたのではないかと思われる。会期が終わると、それらの朝日焼茶碗に箱を作り、中にはニュー(細かなひび)が入ったり、欠けたりしたものもあったが、全て金繕いをして、箱書した。茶碗の数があまりにも多かったため、

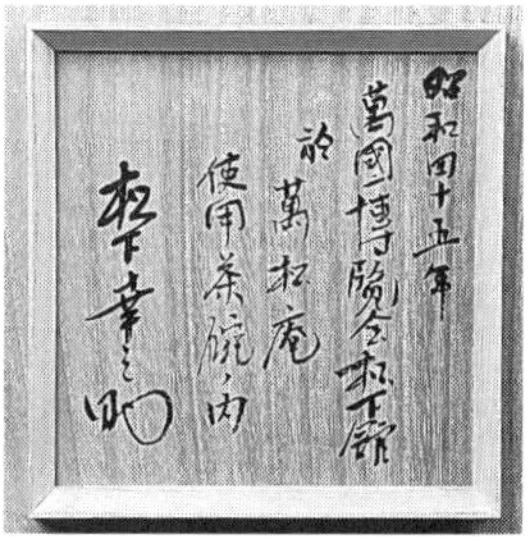

朝日焼刷毛目井戸形茶碗（14代松林豊斎作、幸之助箱書〔印刷〕）
口縁に金繕いが施されている。

あたかも筆書であるかのように桐箱に印刷した。それをお世話になった方々に配るのだが、箱書を印刷するというところが、幸之助らしい自由な発想の側面をうかがわせて面白い。幸之助箱書の茶碗のほとんどが、この時のものだ。

茶の湯には直接関係しないが、万博の時のこんな逸話がある。

万博では、毎日新聞社と協力して、「タイム・カプセルＥＸＰＯ'70」を製作した。当時の日本文化の実像を五千年後に残し伝えようという企画だ。タイムカプセルは二個作られ、大阪城の地中深くに埋設し、一個は五千年後に、一個は毎世紀初めに開くこととなった。万博の松下館で展示された後、翌年の昭和四十六年（一九七一）に埋設が行われた。事業にたずさわった各分野の学者、文化人はいずれも高齢者ばかり。その祝賀会の席のことだった。「二十一世紀初頭の第一回の開封点検時には皆さんには無理。一

朝日焼鹿背井戸形茶碗（14代松林豊斎作、幸之助箱書〔印刷〕）

番若い担当記者が生き延びて立ち会いますからご安心を」と挨拶があった。すると幸之助が、「それはおかしいのとちがいますか。私も生きるつもりでっせ。あんたと私と二人連れ立ってテープカット、ということでどうだす」。当時幸之助七十六歳だった。

空間感覚と伊勢神宮茶室

茶室へのこだわり

幸之助の居室は天井が低く薄暗い。その方が沈思に適しているからだ。幸之助がじっくりものごとを考えている様子は、まるで冬眠しているようだったと言われている。また、若い頃よりいくつもの工場や事務所を建てた経験から、空間について独特の感性を持っていた。西宮市の自宅光雲荘を建てる時のことを娘幸子は、

（光雲荘の）図面は父（幸之助）自ら引いていたのをよく覚えています。ほんとうに一所懸命で、材木も自分で選んで買っていました。

（中略）

屋根ができたとき、父は〝屋根が一尺高い。削れ〟っていうんです。図面を描いたはいいが、やはり実際にできあがってみないと素人には感じがわからない。だから、もうちょっと屋根を低くしたいから、削りたいという。母が〝もったいない〟といっても、どうしても父は承知しないんです。それでせっかくつくった家の屋根を一尺下げたりと、そういうことをやりました。

（中略）

なんせやりだしたら、もう夢中になる人でしたから、自分の思いどおりにならないと気がすまないんですね。(19)

特に、茶室空間へのこだわり方は尋常ではなかった。数寄屋大工中村外二によると、茶室建築時には、事細かに注文を付けたそうだ。

こちら（外二）は玄人や。やのになんでこんなところまで、と思うぐらい細かいところまでやかましかったが、いつも本質をずばっとついて鋭かった。特に寸法については譲らず、「茶室は寸法や」と（幸之助は）言うてはりました。[20]

ある時外二に床脇の垂壁《たれかべ》をもっと低くするように言った。外二は過去にそのような前例はなく、床脇は床垂壁よりも高いものと決まっていると頑として聞き入れない。二人とも一歩も譲らず、いつもの例で外二がぷいと出て行こうとすると、幸之助は、「中村はんは明治三十九年の午歳やろう、ワシは二十七年の午や。子馬は親馬の言う事を聞くもんや」と一喝《いっかつ》した。流石《さすが》の外二もそれには参りそのとおりにしたという。面白いことに後年、外二は自宅を建てる際に、座敷の床脇垂壁を幸之助の言ったように低く作っている。

なお、外二は、幸之助の空間感覚について、興味深いことを話している。

真々茶室に呼ばれるとかなわん、怒られるか、値切られるかや。会長さん（幸之助）は、一畳台目がお好きでした。頼みごとしやはる時は一畳台目でやる、客が逃げられへんから。逆に、広間に呼ばれたときはどうてことない、一般的な話で済んでしまう。ま

た会長さんは頼みごとを受ける時は広間に客を入れはる。逃げられるからや。そんなこともよう分かってはりました。(21)

また外二は息子義明にこう言っていた。

会長さんの仕事は何時の時も最初だと思ってしろ。前はこうであったからというのは通らない。毎回工夫し新しいものをお見せするように。松下さんはどんどん変わっていっておられる。(22)

原寸大模型

幸之助は、茶室建築中によく現場に赴いた。最初の頃「中村はん、高いなあ」と何回か天井を低く変更させられた外二は、出来上がって変更を言われては大変なので、原寸大模型を作り、事前にチェックを受けるようになった。

伊勢神宮茶室は広間席十畳と九畳、小間席四畳半を設えた昭和の名茶室建築であるが、これまで数々の茶室を作ってきた幸之助の集大成だった。

この時も「三百年後に誇れる茶室を」と依頼された外二は心得たもので、五十鈴川河畔

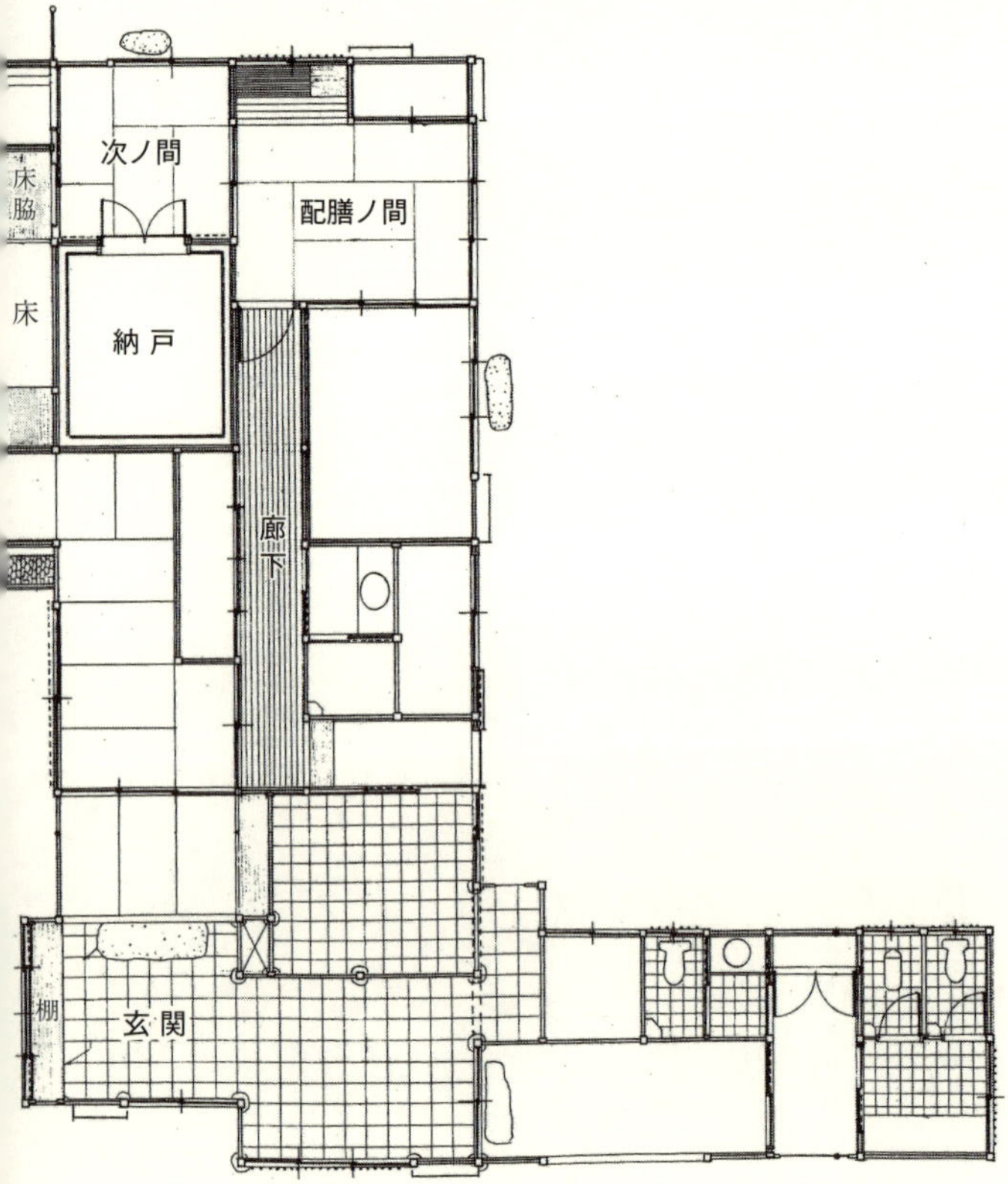
次ノ間
床脇
配膳ノ間
床
納戸
廊下
棚
玄関

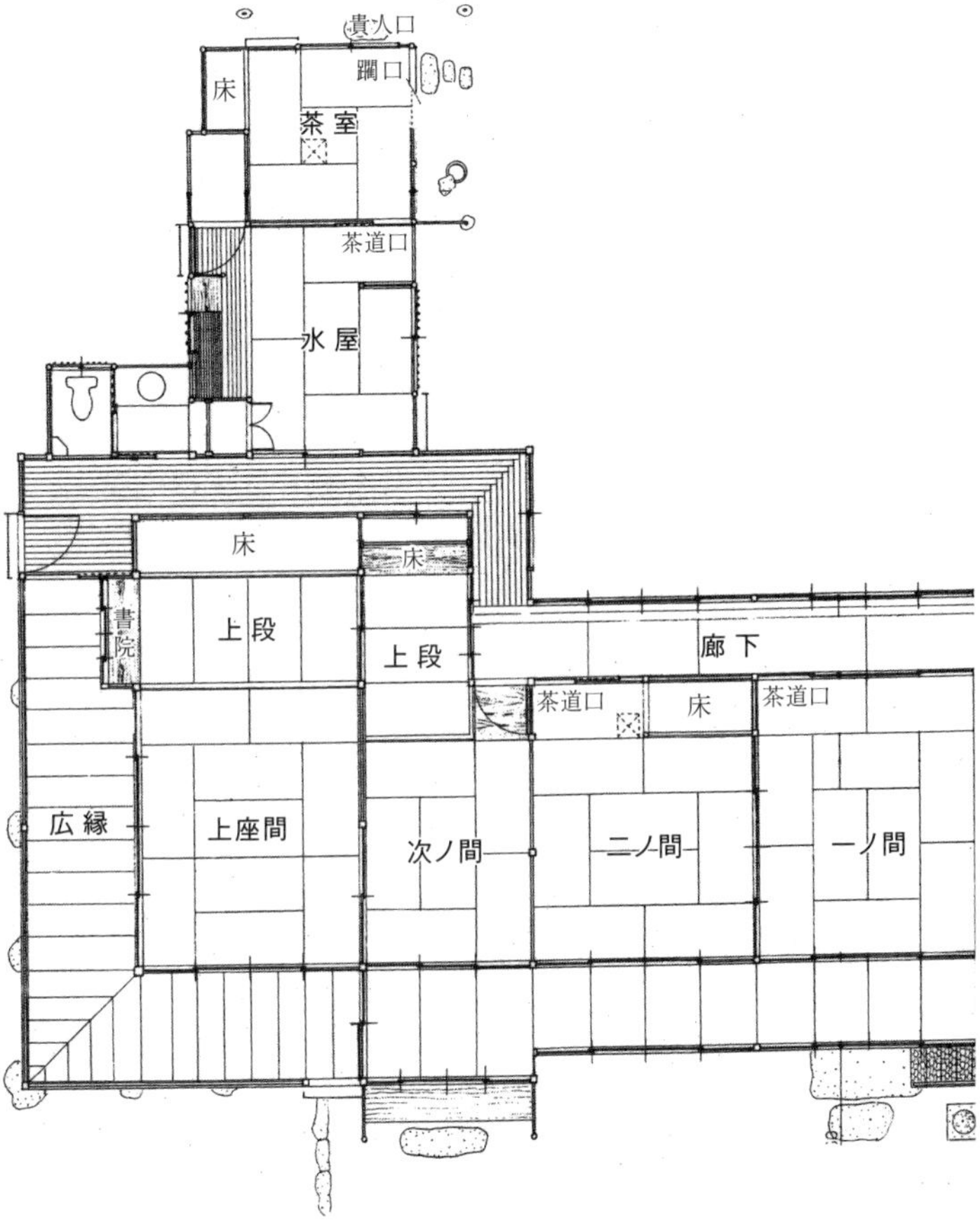

伊勢神宮の茶室「霽月」平面図
（中村外二工務店提供のものを加工）

伊勢神宮の茶室「霽月」原寸大の模型の前で
（前列右から2人目が幸之助）

の現地に百坪もの巨大な原寸大模型を作り、幸之助に確認を取った。確認が終わり、帰りの車に乗る時、にっこり笑って「がんばりや」と外二に言った。ＯＫが出たのだ。しかし、寸法は原寸大模型で確認できても、次には材木選択の確認が待っている。主だった材木は全て、門真の本社まで運ばせて確認した。床柱を確認する時には、むめの夫人も同席して二人でした。根源社が伊勢神宮内宮の雛型であることから推しても、伊勢神宮の茶室への思いは実に深かった。幸之助は伊勢神宮を日本人の心の原点と考えていたのだ。

幸之助は昭和五十六年一月十日の松下電器の経営方針発表会で、社員に向かって次のように述べている。

伊勢神宮の特別拝礼(一月四日)をしまして、二條大宮司さんにお会いしました。で、ご飯を頂戴して、そこで、どういう話があったかと申しますと「松下さんに一つお頼みがあります。実は、茶室を一つ寄付してもらえませんか」ということです。

私は数年前に、茶室を伊勢神宮に寄付しようと心に決めたのです。これまでお寺とかその他の場所に、茶室を寄付したことはあります。しかし、伊勢神宮にお茶室を寄付するということは、かえって俗化しやしないかという危惧があったのです。

お茶室というものは、非常に高尚で優雅なものです、だから、お宮でもお寺でも、立派なお茶室を持っておられるところは沢山あります。そして、非常に活用しておられる。だから、お寺やお宮とかにはお茶室はつきものである、という感じもするのです。

けれども、こと伊勢神宮となると、うっかり寄付できない。というのは、〝なんと俗っぽいものを寄付しよったな〞ということがあってはならない、ということです。それ程伊勢神宮の境内は、非常に気高いものがあります。ですから、〝うっかり茶室は寄付できないな〞という感じを持っておったのです。けれども私は、同じ寄付するならば、

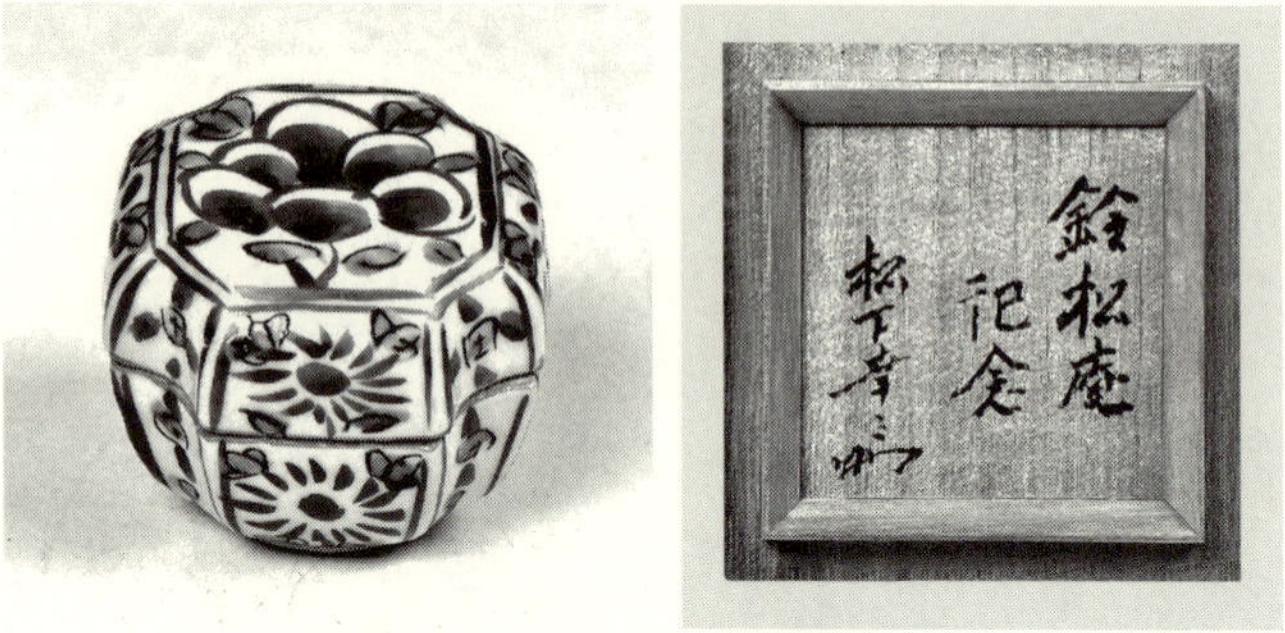

呉須赤絵写四方入角香合
（3代須田菁華作、幸之助箱書〔印刷〕、椿大神社「鈴松庵」寄進記念）

伊勢神宮に寄付したいなと考えておったのです。そう心にとどめておったのです。

伊勢一の宮椿大神社《つばきおおかみやしろ》というのが鈴鹿市にありますが、そこに寄付した茶室（鈴松庵《れいしょうあん》）を、大宮司がご覧になって、「中々あの茶室はいい茶室です。あの神社には非常に役立っている。伊勢神宮にもああいう茶室があれば、非常に結構だと思うんです」ということでした。「ご了承いただけたなら、早速場所を見てくれませんか」ということなので、拝見したのです。そうすると、いちばんいい場所です。私は、境内の本宮の近くに茶室を作ったならば、俗化していかんという心配をしていたのですが、宇治橋を渡った左手のモミジ林に土地が空いていて、そこは非常に清浄なところです。しかも、そこならいかに伊勢神宮といえども、決して俗化することはない、という場所です。そこで、「喜んで寄付申し上げましょう」ということで帰ってきたのです。
五年前に自分が心に決めたことが、今年先方から言い出されて、ようやくかなったということです。そういうことひとつをとってみても、今年は〝わが事成れり〟という年になるだろうと、かように思います。(23)

それは、長年構想を練り、紆余曲折のあった松下政経塾が、やっと開塾にまで漕《こ》ぎ着けた事とも重なり、二重に〝わが事成れり〟の思いであったに違いない。この伊勢神宮茶室の話の中に〝俗化〟を心配したことが読みとれ、幸之助が茶室に何を求めていたかが見てとれる。茶室は集客や賑わいのために境内のよく目につく所に建てるのではない。少し奥まったり、周りを林で囲まれた、〝清浄な〟土地にあらねばならない。お茶一服を飲む時に、心の安らぎ、ゆとりを感じることができる、静かな場所で、日本文化の伝統のお茶の心を味わってほしい。そしてその空間には、天井が低く、障子を通して木漏れ日が柔らかく感じられる、適度な狭さが最もふさわしいと考えていた。

茶道具観と美術館構想

茶事と道具　昭和六十一年（一九八六）九月七日、京都大徳寺にて淡々斎夫妻の報恩茶会が催された。如意庵では幸之助が老分代表として濃茶席を担当した。これが幸之助最後の懸釜となった。

待合 床　清巌宗渭《せいがんそうい》筆「空是色《くうぜしき》」

本席 床　小野道風筆　継色紙《つぎしきし》

「よのなかはかくこそありけれふくかせの
めに見ぬ人はこひしかりけり」（大聖寺《だいしょうじ》前田家、三井家伝来）

花入　唐物古銅桃尻　唐物黒盆添（鴻池道億《こうのいけどうおく》筆、所持）

釜　天猫《てんみょう》　文字入

「ふどうみやうわうきしんしたてまつる
かまや太良吉」（益田家伝来）

風炉《ふろ》　黒 道安形　了全造
水指　伊賀　銘「破袋《やぶれぶくろ》」(重要文化財※)
茶入　中興名物　瀬戸飛鳥川手　銘「三笠山※」
(船越伊予守箱、文添　肥前島原松平主殿頭《とのものかみ》家伝来、大正名器鑑所載)
茶杓　織田有楽作　共筒　仙叟替筒　原叟、淡々斎箱
茶盌　彫三島　五段彫(24)

(※は一二六・一二七頁を参照)

唐物古銅桃尻花入に木槿《むくげ》と思草《おもいぐさ》が入れられた。実に名品揃いの中に、追善と淡々斎夫妻への敬慕の情が表された道具組となっている。二点の重要文化財、特に伊賀水指「破袋」は天下一といわれるものである。瀬戸飛鳥川手茶入「三笠山」も名品として名高く、「さすが松下さん」の声が聞こえて来る。

幸之助は裏千家の大茶会に協賛する形で添釜《そえがま》を数回懸けている。特に淡々斎の亡くなった直後の昭和四十年(一九六五)、四十一年が多い。いずれも名品揃いで、例えば茶碗は、井戸、雨漏《あまもり》、三島など高麗が多い。

重文 古伊賀擂座水指　銘「破袋」

（『説田家蔵品展観目録』〔東京美術倶楽部、1931〕より転載）

素地は灰白色の堅い半磁質で、全面に自然釉が掛かる。口が広く、頸は細く、下膨れの胴は袋形で大きな窯割れがある。口縁に擂座を4つ付け、頸には波状の篦目があり、胴にも縦横に篦を走らせる。五島美術館にも織部好みの同銘の伊賀水指（重要文化財）があるが、造形的には本品の方が力強く野趣に富むといわれる。

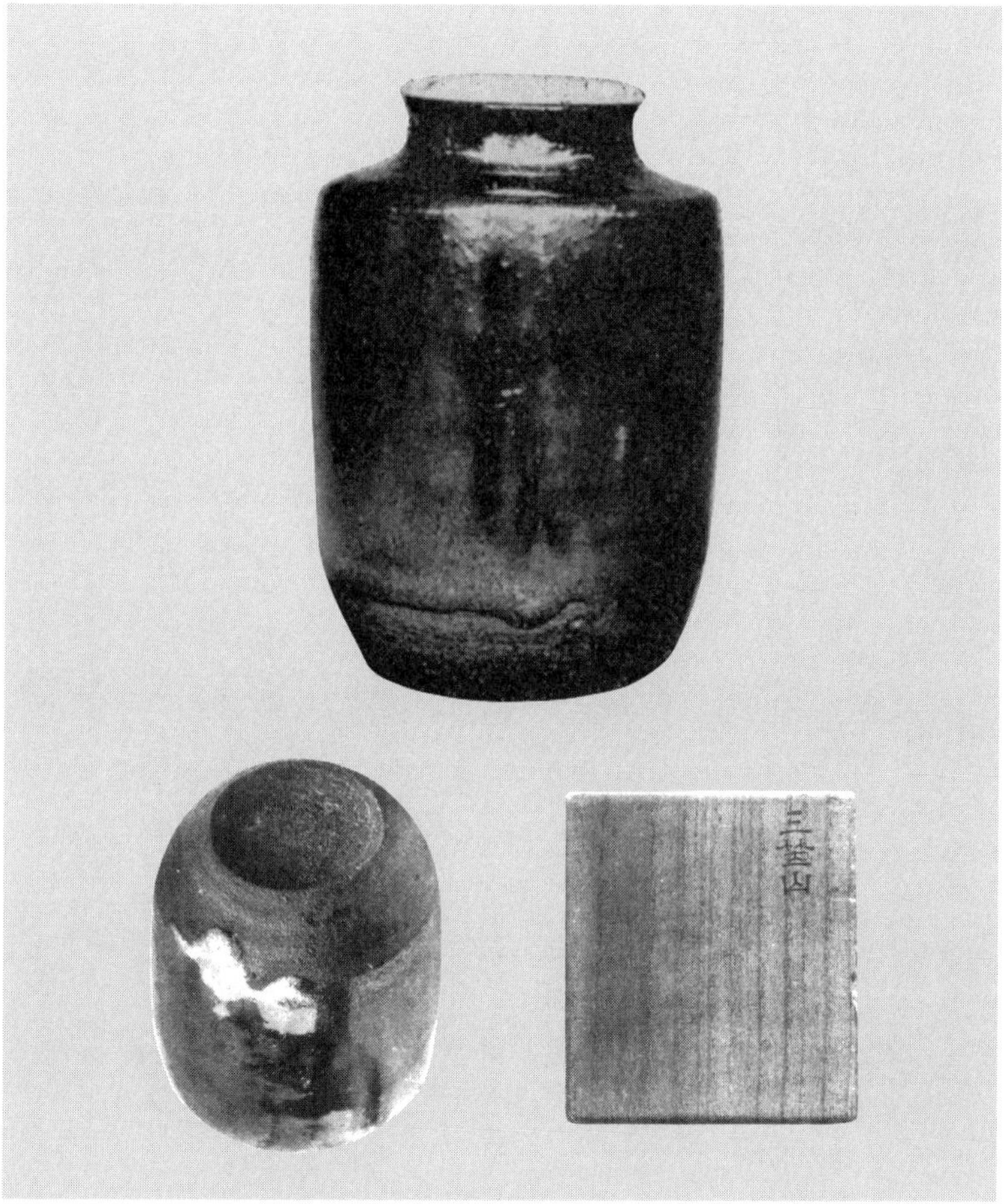

中興名物 **瀬戸飛鳥川手茶入 銘「三笠山」**
(『大正名器鑑 第四編下』・『松平子爵(主殿頭)家御蔵品入札』〔東京美術倶楽部、1918〕より転載)

瀬戸の金華山窯、飛鳥川手の茶入。元は奈良茶入といわれたが、奈良の名所に因んで名づけられたと思われる。肩が張り、裾から下は鉄気色の土が見え、底は板起こし。艶のある黒釉が美しく、胴に見える、鯉の滝登りに喩えられる模様が幻想的である。

幸之助は昭和三十年（一九五五）に所得番付第一位となり、それ以後、毎年一、二位を続けた。この頃より各時代の茶人達によって伝えられた茶道具を「日本の文化」と考えるようになり、それを受け継ぎ、守り、次の世代に伝えることが自分の立場としての務めだと考えるようになった。そして、数多くの名物道具や、重文の茶道具を所持することとなる。

（あんまり高い道具はめったに）使いまへんがな。まあ、馬鹿らしいという人もおりまっけど、一つの文化ですからな。たとえば、ある人が百円というものが、別の人は一千万円の値をつけるという、差がありまんな。この大きな差というもんは、一つの文化ですわ。実用本位やったら、百円のものはどういっても百円や。(25)

しかし、近代数寄者が皆道具に執着するのに対し、幸之助は、極めて淡白だったとも言われている。谷口全平「宗晃――茶人としての松下幸之助」によると、昭和五十八年（一九八三）NHKの番組「絵巻切断～秘宝三十六歌仙の流転～」が放映された。重文の佐竹本三十六歌仙を取材したもので、大正八年（一九一九）に分断され、鈍翁など当時の名立たる数寄者に分蔵されたものが、現在どうなっているのか、所持者の変遷を探るドキュメンタ

真々庵の茶室「青松」にて茶碗を拝見する幸之助

リー番組である。そのひとつ、「大伴家持　さ雄鹿の朝立つ野辺の秋萩に玉と見るまで置ける白露[26]」を幸之助が所持していることを知り、ＮＨＫが取材に来る。幸之助は、ＰＨＰ研究所の茶室に掛けられたその掛物を見て、一言、「ワシこんな良いものを持っていたんやな」とつぶやくのだった。

　茶道具のほとんどは、茶道具商善田昌運堂の善田喜一郎、一雄親子が納めている。喜一郎は当時、京都の美術商の中で〝目利き〟で通り、親分肌の人柄で、名物道具を数多く扱っていた。そのようなこともあり、幸之助のもとには、一級品の茶道具が多く集まって来る。はじめは、好きな道具、必要な道具を買っていたのだが、茶道具を「文化」と考えるようになってからは、好き嫌いのレベルではなく、「文化を支える」という意識で収集するようになり、一段とスケールの大きい買い方となった。したがって、佐竹本三十六歌仙のような話も出て来るのだ。

　ボク（幸之助）なんか新米の茶人やから、あんまり（いい道具は）ありまへんけどな。お茶やると、釜とか水差しとか茶碗とか、道具がいりまんねん。選んで、好み好みにしたがって求めるわけや。古いものは高いでんな。何千万としますわな。それを売っ

たり買うたりしてるから、道具も大事にするわけですわな。(27)

喜一郎の息子一雄は、毎週日曜日に必ず阪急電車始発に乗り、京都から西宮市の幸之助の自宅名次庵に通った(名次庵は阪神淡路大震災で損壊した)。幸之助が朝食後、茶席で一服お茶を飲む用意をするためだ。これぞという道具があれば、その朝の茶席で使ってみる。幸之助は直感が非常に鋭く、目聡《めざと》く新しい道具を見つけ、一目で良いものなのか、好みかを判断したらしい。名物だとか、珍しいとかで買うのでなく、自らの直感を信じた。また持ち込んだ人の熱心さ、誠実さをもみた。

「いい茶碗やな。こんなんがあったらいいな」と道具を褒《ほ》めた時には「しかし今貧乏しとるからな」と言って買わない。反対に、「ちょっと重いな。それに前のと似てるな」などとけなすと、「まあ、置いときいや」となる。買わないと決めた道具は決して悪く言わなかった。いつか誰かがその道具の所持者となる訳で、その見ず知らずの人への気配りをしたのだ。幸之助は、そんな人柄であった。

ある時某茶道具商が大変な名品を持ちこんで、買ってほしいと西宮の自宅名次庵の床に飾って帰りを待った。幸之助は帰宅するなりそれを見て「立派なもんやなあ、ワシとこで

真々庵茶室披露会（昭和55年）　立礼茶席にて鵬雲斎家元（左）と

は不釣り合いや、住友さんのような大家にあるべき道具やなあ」といって奥に去った。しばらくして和服に着替えもどって来ると、すでにその道具商は帰ってしまった後だった。むめの夫人は「うちの人、あの道具欲しかったんや、あの道具屋さん、それ分からんかったんやな」と話したという。

しかし、真々庵で度々開催された茶会では、名物などの名品を使う事はなかった。茶碗では一入《いちにゅう》、宗入《そうにゅう》が古い方で、むしろ新しい道具が多かった。特に現代伝統工芸作家のものを多く使っている。荒川豊蔵《とよぞう》、三輪休雪、楠部弥弌《くすべやいち》らの茶碗、松田権六《ごんろく》、黒田辰秋《たつあき》の薄器、角谷一圭《いっけい》の風炉釜などである。

昭和二十五年（一九五〇）頃から二十一世紀の日本に「ものづくりの心」を伝えたいと、幸之助は日本伝統工芸会を支援するようになった。そのようなことから、

「幸之助と伝統工芸」展 出展茶道具一覧 （編集部作成）

番号	作品名	銘	作者名	制作年代
1	横額	「心」	松下幸之助	20世紀
2	黒茶盌	「閑談」	樂 一入（四代吉左衛門）	17世紀
3	黒茶碗	「毛衣」	樂 宗入（五代吉左衛門）	17～18世紀
4	赤茶碗	「常盤」	樂 覚入（十四代吉左衛門）	20世紀
5	数印 黒茶碗	「菱雲」	九代大樋長左衛門	1970年代
6	染付山水芋頭水指		十六代永楽善五郎（即全）	1979～84年頃
7	赤瓷金襴手唐子遊輪花鉢		十六代永楽善五郎（即全）	1979～84年頃
8	竹茶杓	「翠紅」	淡々斎（下削 正玄）	1945～54年
9	竹茶杓	「祥風」	淡々斎（下削 正玄）	1945～54年
10	竹茶杓	「千代の寿」	淡々斎（下削 正玄）	1945～54年
11	鵬雲斎好 松葉蒔絵 竹茶杓	「寿色」	十三代黒田正玄	1975～84年
12	淡々斎好 竹一重切花入	「末廣」	十二代黒田正玄	1945～54年
13	鵬雲斎好 竹菱篭花入		十三代黒田正玄	1975～84年
14	鵬雲斎好 竹蓋置一双	（夏）	十三代黒田正玄	1975～84年
15	鵬雲斎好 竹蓋置一双	（冬）	十三代黒田正玄	1975～84年
16	古九谷 丸紋花鳥絵台鉢		（江戸時代中期）	17世紀
17	萬暦赤絵 枡水指		（明時代後期）	16～17世紀
18	瀬戸黒茶碗		荒川豊蔵	1963年頃
19	志野香合		荒川豊蔵	1980年頃
20	織部鉄絵鳥文四方皿		北大路魯山人	1951年頃
21	備前焼餅平鉢		北大路魯山人	1950年代
22	薫爐	「松籟」	楠部彌弌	20世紀
23	備前徳利形壺		藤原 啓	1980年頃
24	萩茶碗		三輪休和（十代休雪）	1967～74年頃
25	萩茶碗		三輪休和（十代休雪）	1980年頃
26	緑漆金彩八角喰篭		赤地友哉	1979年
27	千鳥蒔絵平棗		松田権六	1980年頃

※場所：パナソニック汐留ミュージアム、期間：2013年4月13日～8月25日
作品リストに基づき作成。一部に補足を加えた。

素焼灰器　長次郎作
（『鴻池男爵家蔵品展観目録』より転載）
「少庵三百五十回忌大茶会」で使用

現代作家のものをお茶に多く用いるようになったのだ。

　一方、幸之助が好んで用いたのは一入の黒茶碗である。好きな道具は総じて品良く、おとなしいものが多かった。真々庵の一入の黒茶碗も朱釉が周りに上品に出ている、小振りの、掌《てのひら》にすっぽりと入る大きさの茶碗である。実にやさしく柔らかい感じがする。自宅名次庵にも、真々庵のものと同じような一入の黒茶碗が用意されていた。

　茶碗についてはこんな話がある。後年、裏千家十五世家元鵬雲斎《ほううんさい》が真々庵に来られた折、筆者は幸之助がよく使っていた慶入《けいにゅう》の富士絵の黒楽茶碗でお茶を差し上げた。すると、「この茶碗には思い出があります。松下さんがお飲みになっているお姿を見て、私が『日本一の富士山と日本一の経営者のご対面ですね』と申し上げましたら、喜ばれて以後このお茶碗をよくお使いでした。このような小振りの茶碗がお好きでした。本当のお茶人でした」と懐かしく語っていただいた。そのように真々庵での朝の一服は決まって一入の黒茶碗か、あるいは、この慶入の富士絵の小振りな黒楽茶碗だった。織部や宗入などの力強い茶碗はあまり使わなかった。

では、沢山所持した重文や名物道具はどのように使ったのであろうか。それは、前述したごとく、裏千家の重要な茶会の添釜の時に活用した。昭和三十三年（一九五八）、裏千家の老分となり、茶名「宗晃」をもらう。その後、老分としての立場から、度々添釜を懸けることとなる。

例えば、昭和三十八年（一九六三）少庵三百五十回忌茶会、昭和四十一年（一九六六）鵬雲斎家元継承茶会、昭和五十五年（一九八〇）淡々斎十七回忌茶会、昭和五十八年（一九八三）坐忘斎若宗匠格式披露祝賀茶会等である（巻末付録参照）。そしてその都度、評判にのぼる程の名品づくしの添釜を懸け、裏千家を盛り立てるのである。

枯木に梟画賛　酒井抱一筆（部分）
（『武州行田百花潭大沢家蔵品展観』〔東京美術倶楽部、1928〕より転載）
「光悦会」（昭和40年）で使用

幸之助は、大変勘の鋭い、繊細な心の持ち主だった。またものごとは徹底して突き詰めて考え、前述した茶室建築や造園のことにも見られるように、独自の感性を持ち、妥協しなかった。その徹底したものごとの本質を見つめる感性は、玄人の職人を感化する程であった。

「松下美術館」と松下政経塾

さて、昭和五十年（一九七五）頃、真々庵を「松下美術館」にという構想が持ち上がる。発案者は、当の本人幸之助。お茶の心を日本人の優れた伝統ととらえていた幸之助は、自らの所持している茶道具にさらに国宝・重文などの美術品を大幅に加え、後世にお茶の心を伝える美術館を残したいと考えたようだ。美しい真々庵の庭園の中に建築する美術館の図面を、竹中工務店に打診し、草案も出来上がっていた。来館者にはお茶一服を差し上げるなど、幸之助ならではのアイディアもあったらしい。美術館の噂は美術界に伝わり、誰が館長になるのか、下場評もとりざたされる始末である。当時、同じく計画中の湯木美術館と併せて、周囲は色めき立ったという。

しかし、実際には、「松下美術館」は実現しなかった。まぼろしに終わった。出来たのは、「松下美術苑真々庵」。「美術」と称しているが、実際の活動は、松下電器トップの迎賓施設だった。「松下美術館」がまぼろしに終わったことについて、世間はまた興味本位に噂する。美術品の質・量に不足があり、国宝、重文のものが足りなかった、後世の運営費を心配し、会社に負担をかけたくなかった、挙句の果てには「松下さんは茶道具には全く関心がなく、鑑識眼もなかった」という中傷まで飛びだした。しかし、それらは、いずれも当てはまらない。当時の幸之助の財力からして、収蔵品のさらなる充実や、運営資金の用意は充分可能だったからである。

幸之助は、普段から人の話にじっくりと耳を傾けた。話をし易いように雰囲気を作るのも上手《うま》く、聞き上手であった。しかし、熟慮して心に決心したことは、人の意見で安易に変えることはない人でもあった。松下政経塾も、その構想を描いて実現するまで十五年。周囲の人から反対され続けてもなお思いを諦めず、タイミングを計り、修正しながら開塾にまで漕ぎ着けた。そう容易く「松下美術館」建設を中止するとは思えない。

有名な幸之助語録に「成功するまで続ける」がある。

志を立てて事を始めたら、少々うまくいかないとか、失敗したというようなことで簡単に諦めてしまってはいけない。世の中は常に変化し、流動しているものであり、一度は失敗し、志を得なくても、それにめげず、辛抱強く地道な努力を重ねていくうちに、周囲の情勢が有利に転換して、新たな道が開けてくる。世に言う失敗の多くは、成功するまでに諦めてしまうところに原因がある。最後まで諦めてはいけないので

ある。(28)

そのように考えると、「松下美術館」中止の原因は幸之助の考え方自体に変化が起きたとしか思えない。では、そのあたりを推測するために、昭和五十四、五年頃、幸之助の活動がどのようであったのかを探ってみたい。

昭和五十三年(一九七八)、栃木県古峯《ふるみね》神社「峯松庵」を寄贈してからしばらく茶室の寄贈が途絶える。

昭和五十四年、以前から支援していた日本伝統工芸展に若手作家を対象に「松下賞」を設け、作品を買い上げ、若い工芸家の支援を始める。

昭和五十五年、二十一世紀の日本を担う人材の育成を目的に、私財七十億円を投じた「松下政経塾」を開塾する。

同年、真々庵の木造の座敷を建て替え、鉄筋コンクリート造りの「松下美術苑真々庵」をオープン。そこに「人間国宝展示室」を設け、展示作品を半年ごとの借り上げ制とした。

昭和五十六年、前述した伊勢神宮茶室の建設を発表。

同年、米寿になったのを機にアメリカに行って仕事をしたいと抱負を語る。

このように見てくると、ちょうどこの頃、幸之助の心の中に変化が生じたように思われる。それまで、自分の立場として今何を成すのが正しいか考えた結果、茶道具の継承を自らの役割として実践して来た。しかしこの頃から方向転換し、日本の将来を真剣に考えて、未来への投資を次第に加速していったのではないか。「松下政経塾」はその最たるものである。

そう考えると、「松下美術館」建設についても、「先人の伝統精神、お茶の心を伝えることは大切だけれど、評価の定まったものを残すだけで、果たしていいのであろうか。すでにそのような美術館は他に多く存在する。未来に向かってより活動的に、積極的に働きかける方法があるはずだ」と考えたものと推測される。

ものづくり哲学

本来幸之助は、〝ものづくり〟の人間である。創業の商品「アタッチメントプラグ」や「二股ソケット」などを造った話は伝説化されている。そのような〝ものづくり〟のこだわりの逸話は枚挙に暇がない。たとえば、ある商品検討会議で、アイロンの新製品を撫でまわすように手にして見ていた幸之助は、側にいた女性社員の化粧コンパクトを借りて、「この数百円のコンパクトケースでも、中の化粧品がこぼれないよう嵌合《かんごう》部分に隙間がない。なのに、一万円もするアイロンに、どうしてこんな隙間があるのか」と言った。続けて、技術部長でなく、営業部長に向かって、「こんな商品をお客様にお渡しするつもりか。なぜ、隙間をなくせと技術に要望しないのか」と叱った。

幸之助の〝ものづくり哲学〟は、独特である。太平洋戦争さなかの昭和十七年（一九四二）、「製品劣化に関する注意」という通達のなかで、「松下電器製品はいかなる見地よりするも斯界においてその優秀性を保持するよう、製品には親切味、情味、奥床しさ、ゆとりの多分に含まれたるものを製出し、需要者に選ばれることを根本の信念とすること」と社員に要望した。さらには、「微細たりとも心当たりあらばいかなる犠牲を払ひてもたちどころに是正、改善の策を樹つること」などと徹底している。

製品は、その性能、品質、価格などはもちろんのこと、最終的にはその製品の持つ全てが、需要者、すなわちそれを使う人にとってどうか、という総合的な評価が大切だというのが幸之助の〝ものづくり〟の基本である。

余談ながら、昭和二十六年（一九五一）、アメリカ視察から帰国した幸之助は、「これからはデザインの時代である」と告げ、日本の企業の中でもいち早くデザイン部署（製品意匠課）を設けた。昭和四十三年（一九六八）、筆者が松下電器に入社してデザイン部署に配属されたところ、まず最初に教えられたのがこの「製品劣化に関する注意」という通達であった。

その後もずっとこの通達はデザインの理念として、事あるごとに読み返され、デザイン業務の指針とされた。

閑話休題、幸之助は、時代や生活スタイルの変化に柔軟に対応し、幾多の優れた工芸品、茶道具を生み出した日本人の伝統工芸の中に、同じ「ものづくりのこころ」があると考えた。そして、過去の優れた茶道具だけにとらわれるのではなく、「ものづくり」の基本、心が未来に向かって続くよう願い、「松下美術館」建設の構想を「伝統工芸の支援」に変えたのではなかろうか。日本人は「ものづくりの心」を持ち続け、かつ過去の国宝や重文の美術工芸品を超える作品を作らなければならないと願い、そのための支援を惜しまなかった。美術館構想を変えたのは、誰に言われたことでもなく、幸之助自身の決断であったに違いない。

自作の茶道具と書

本節の最後に、幸之助自作の茶道具について記したい。

近代の数寄者は、自ら茶道具を数多く作り、また多く作らせている。鈍翁が大野鈍阿《どんな》や池田瓢阿《ひょうあ》を品川の私邸内に住まわせ、好みの道具を作らせた話はことに有名だ。他にも数寄者たちは手ひねりで、茶碗や水指、花入を作ったり、茶杓を削ったりと、現在もその作品は数多く残っている。

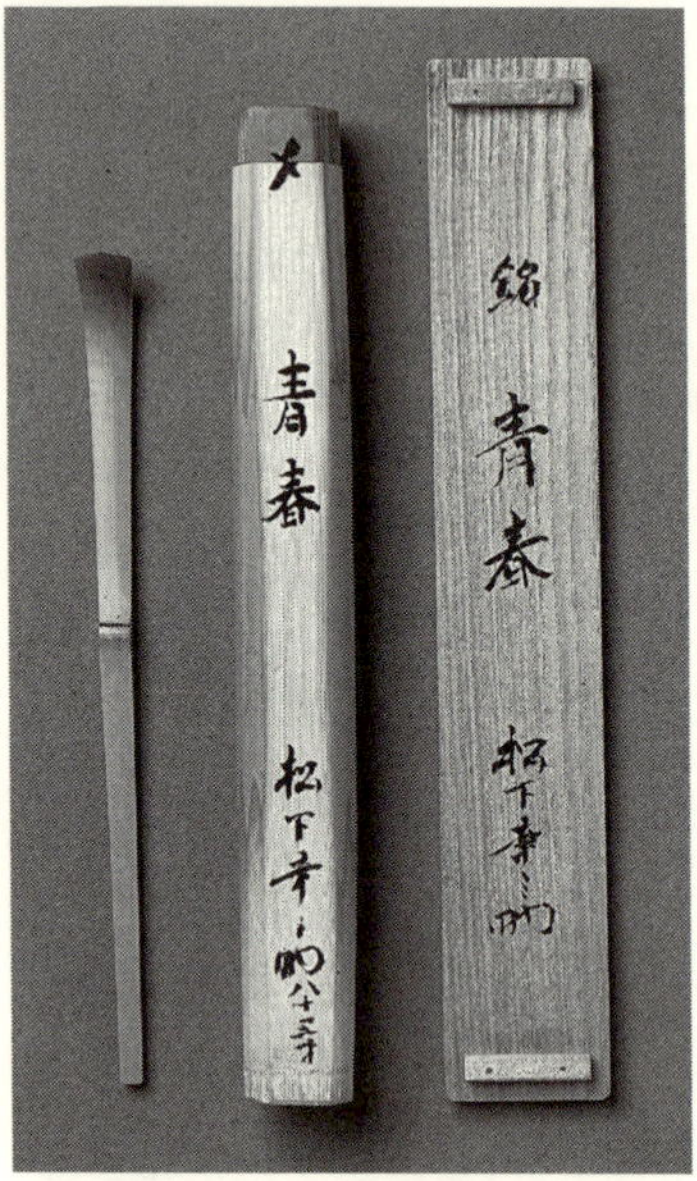

幸之助(83歳)**作 竹茶杓 銘「青春」**
(細見美術館蔵)

実は幸之助も、茶碗を作ろうと思った時期があった。真々庵を入手した直後の昭和三十六年（一九六一）頃である。真々庵の片隅に電気炉を設け、何度か焼いた形跡はあるが、完成品は残っていない。途中で投げ出したらしい。

残っているのは茶杓である。しかしこれも確認されている点数は極めて少ない。その一つ、細見美術館にある茶杓 銘「青春」は、いかにも幸之助らしい。アメリカの詩人サミエル・ウルマンの「青春」に由来している。幸之助は、この詩の原訳を自分なりに意訳し、「青春とは心の若さである」を座右の銘とした。

一方、多く残っているのは書である。幸之助は書を真々庵で書くことが多かった。何枚も何枚も同じ字を、納得の行くまで書く、これが幸之助流であった。上手く書けないから書き直しているのではなく、心が乗るまで書いているようだったと言いつたえられている。

ある部下が、販売店や販売会社の社員を教育する研修所に和室が出来たので、当時八十三歳だった幸之助に揮毫を頼んだ。「（研修所に和室ができて）そりゃよかったな。それではひとつ書かせていただこうか。何と書いたらいいかな」。そこで「素直」という文字はいかがでしょうかと答えると、「そうやな、それにしようか。そのうちに書かせてもらうから少し待ってんか、出来上がったら知らせるから」。一ヵ月ほどたって出来上がったが、秘書が興奮した様子で語るには、「これは心がこもっていますよ。西宮の自宅で、昼なのにお風呂沸かしてんかといわれてお風呂にお入りになり、和服と袴を出して見繕いを整えられ、机に向かって静かに墨をすら

幸之助の一行書「松風」

れ、威儀を正されて一所懸命に書かれました。それから書いてはまた書き、書いてはまた書きされて、かれこれ三、四十枚は書き崩されたでしょうか、その中の一枚を自らお電話されて表具されたものです」と。幸之助の書に向き合う時の態度はそのようなものであった。「書は人なり」と言われるが、幸之助の書には上手く書こうとのてらいが感じられない。心の今をそのまま投射しているようだ。今残っているのは「素直」と「青春」が一番多い。「未来」や「心」、また「開華二十一世紀」という珍しいものもある。

余談だが、松下政経塾は「自習自得」の精神を旨とし、常勤講師もおかず、必修授業はない。しかし、創塾当時、「剣道」「茶道」「書道」の三つは塾生全員が学ぶべき必修科目であった。「剣道」は身体を鍛え、「茶道」は心を育て、「書道」は人物を養うと幸之助は考えたのであろうか。現在も二畳中板付の茶室には「素直」の軸が掛かっている。

お客様のおもてなし

一客一亭

真々庵での幸之助は門真の松下電器の仕事とは一線をひき、ＰＨＰの仕事や思索に専念した。朝真々庵に来庵すると、決まって根源社前の円座に坐って手を合わせた。そして茶室「真々」に入り薄茶を一服飲んだ。朝の一服は決まって黒楽茶碗だった。そして仕事に疲れると、「お薄（茶）もらおうか」と茶碗を替えて一日に何服も飲んだという。

茶室「真々」は一畳台目の小間で現存する最小の茶室の一つである。広間は「草」、小間が「真」と言われている。「真々」は小間中の小間なので一番格式が高い茶室といえる。

そして「真々」には一人で入るのが常だった。しかし時には、特別なお客様と一客一亭で入ることがあった。この狭い空間で主客の距離約九十センチメートル、戸を閉め切ると、意外な程外の音が聞こえる。鳥の囀《さえず》り、水の流れ、木の葉の風になびく音、夕方四時には永観堂の入相《いりあい》の鐘が。

池田大作とは二人きりで三時間出てこなかった。幸之助は「池田さんは人生の上に非常に蘊蓄《うんちく》の深いものをもっておられて、相通ずるものがありました」と後に語っている。元日本ビクター社長に就任前の松野幸吉はここで幸之助からお茶を点ててもらった数少ない人の一人だ。その時、「君、ビクターに行ってくれ」と言われた。

また、茶室内の明るさにうるさかった。あまり明るいのはダメ、どちらかというと薄暗い方が落ち着くと好んだ。現在母屋にある立礼席は、二面に広く雪見障子が設けられていて、開けると素晴らしい庭の景色が飛び込んで来る。しかしお茶の時には雪見障子を開けさせなかった。障子を透した柔らかい光の中で、お客様の話にじっと聞き入った。非常に聞き上手で、知らず知らずに相手が饒舌《じょうぜつ》になったという。そんな所にむめの夫人が入ってくると、「まあ！　暗いわね」とパッパッと障子を開けた。夫妻の性格を表す逸話である。

真々庵には、実に幅広く多くのお客様を招待している。当初の昭和三十六～八年頃は特に多い。会社の事業と直接関係のない政治家、文化人、宗教家、芸術家も多く来庵した。

政治家では、岸信介《のぶすけ》、佐藤栄作の総理大臣経験者がいる。そのほか、立花大亀《だいき》、梶浦逸外《いつがい》など禅僧、橋本明治《めいじ》、東山魁夷《かいい》などの画家、将棋の大山康晴永世名人、陶芸の荒川豊蔵、歌舞伎の市川團十郎、相撲《すもう》の初代若乃花、庭園の重森三玲《みれい》、声優の徳川夢声などが訪れている。

経済界では、石坂泰造経団連第二代会長、住友銀行頭取堀田庄三、ソニー創業者井深大《いぶかまさる》、盛田昭夫、ホンダ創業者本田宗一郎などと実に多彩だ。また、電力王松永耳庵（安左ヱ門）は二度来庵している。幸之助は松永を経営者として尊敬し、その日は私邸楓庵に二人で投宿した。楓庵は元は吉富という旅館で、松永は以前からここを上洛時の常宿としていた。

面白いところでは、女優の高峰三枝子が来ている。実は、幸之助は高峰の後援会の会長

真々庵を訪れた重森三玲（左）**を案内する幸之助**（左から二人目）（昭和37年）

をしており、二人で撮った写真は、滅多に笑わない幸之助の顔が嬉しそうにほころんでいるのが印象的だ。

青松会と青雲会

また昭和三十七年（一九六二）からは「青松会」という茶会を催している。淡々斎夫妻を中心に、今日庵老分で岡崎鉱産物社長岡崎重之、同老分湯浅電池社長湯浅佑一、同老分宝酒造会長大宮庫吉《くらきち》、三和銀行頭取渡辺忠雄、京福電鉄社長石川芳次郎、ノーベル賞物理学者湯川秀樹、京都市長井上清一、元京都市長高山義三、京都新聞社主白石古京《こきょう》、京都御所事務局長石川忠などがメンバーだった。春秋ごとに集い、淡々斎の亡くなる昭和三十九年

真々庵を訪れた東山魁夷（右）と談笑する幸之助

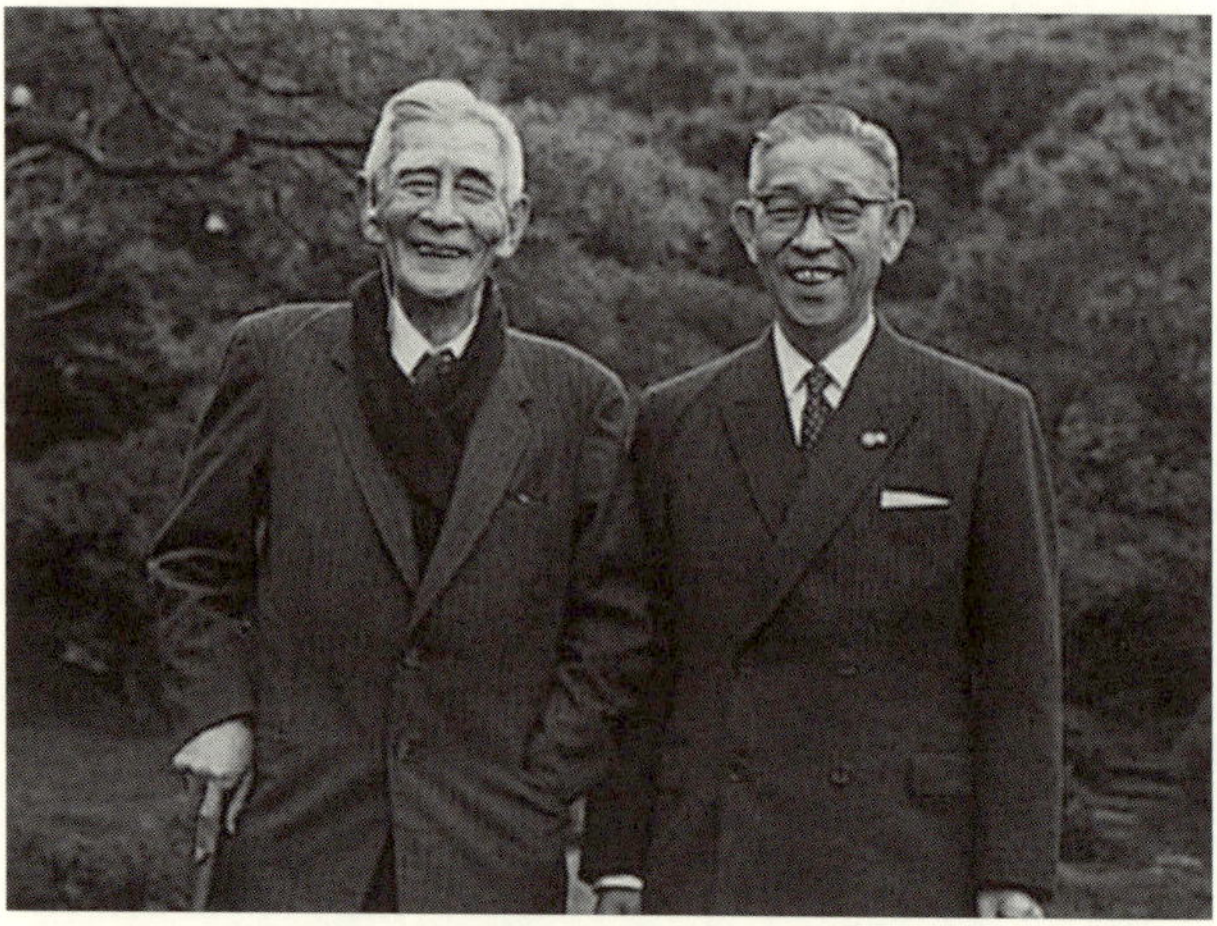

真々庵を訪れた松永耳庵（左）と幸之助（昭和37年）

まで計五回続いた。

翌四十年（一九六五）五月からは、同じ顔触れで「青雲会」と名称を改め、裏千家十五世家元鵬雲斎を囲む会となった。この会は永く続き、後にワコール社長塚本幸一らも加わった。「青雲会」には若い家元鵬雲斎を守り立てる趣旨も含まれていたようだ。「三、四ヵ月に一度程のペースで真々庵で茶会をしました」と鵬雲斎は語っている。

茶会は茶室「青松」で行われたが、庭の芝生に御園棚《みそのだな》、床几《しょうぎ》、大傘を出し野点ですることも多かった。茶会の後、庭に面した十畳座敷と六畳次の間を開け放して点心を出した。点心は瓢亭か辻留から取っていた。

茶事の準備

真々庵にお客様をご招待する時、幸之助は二時間程前からやってくる。来るなりまず便所を点検する。次に庭や座敷のチェックを入念にする。「座布団が逆になっている、灰皿をまっすぐ並べろ」と、隅々まで見て廻り、実に細かな指示をする。周辺は大層緊張したそうだ。事前の掃除、特に庭にはうるさかった。落葉一枚もないように入念に掃き清め、池面の落葉も網ですくい取らせた。苑路の砂利は、足裏から伝わる感覚を考えて、平坦にならさせた。

その日、お客様と廻るコースを何度も自分で歩いてみて、説明のポイントを確認し、時間を計る。そして、特に注意を払ったのは打水のタイミングだった。「この苑路にお客様がおいでになる時、打水したばかりではなく、かといってまだ乾いてはいない状態になるように」と、時計を見ながら打水のタイミングを指示した。清浄な上にもさらに打ち清めてお客様をお迎えする、文字通り「人の見えざるところまで綺麗にいたし」だった。

娘の幸子はこう語っている。

（父幸之助は）本質的には、人を呼んで宴会をするのは好きじゃなかったと思います。ただ、決して手を抜かない人ですから、お客様を呼ぶとなると、事前に自分で点検をして、準備万端整えるのです。庭など、ホウキをもってきて自分で掃いていましたよ。座敷の座布団も全部自分でそろえていました。そういうことは実にまめまめしく体を動かした人です。あの人には手厚く、この人にはいい加減ということは嫌だったんだと思います。誰に対してもできるだけのおもてなしをする姿勢で、それはいまでも私の脳裏にこびりついています。どんな人にも、誠心誠意、心から応対していました。

見かけだけ、形だけというのはすぐに分かりますから。相手にとってどうすることがいちばんいいのかを真剣に考えているのですが、それは別に計算してではなく、自然な振る舞いに見えました。計算ずくであれば、身近にいる人間まではだまされませんからね。当時の私には、〝そこまでする必要があるかな。そこまでしなくてもいいのじゃないかな〟と思えることがよくありました。(29)

幸之助は庭全体を露地《ろじ》と考えていた。露地は仏様の住む世界、清浄に清めた上で更に打水して清める、庭を清めていると同時に自分の心を清めてお待ちすると考えていた。したがってお客様と庭を廻る時は全員露地草履《ぞうり》に履き替えた。世俗の塵埃《じんあい》を持ち込まないという意味だ。外国からのお客様は、正式な意味を知ってか知らずか、露地草履を大層喜んだ。そして、茶室「青松」で薄茶を飲んだ。時には幸之助自ら点前をすることもあった。

ここに茶室「青松」での写真がある。まだ三十歳位の石原慎太郎が浅利慶太と坐っている。幸之助も和やかに談笑している。幸之助の茶の湯は、型にとらわれない。常に相手に合わせる。特に、若い人への支援は惜しまなかった。分野を問わず、若い人をよく真々庵に招いていた。

ウシオ電機の牛尾治朗はその頃の事を、

真々庵の茶室「青松」を訪ねた石原慎太郎（左）と浅利慶太（中央）

住友金属の日向《ひゅうが》方斎さんが、瀬木庸介さんや堤清二さんや遠山直道さんや僕といった三、四人の東京の若手経営者を、真々庵に連れて行ってくれたわけです。松下さんは我々を玄関に迎えに出て、庭を自分で案内をしてくれた。そして、自分でお茶をたててくれたんです。で、その時は、経営の話というよりは、真々庵の由来とか、PHPの話をされました。堤さんや僕は経営の話を聞きたかったんですけどね。（中略）その時分の松下さんというのは、年の頃なら何歳なんでしょうね。今の僕くらいでしょうか。だけど、全然枯れてなかったですね。帰りに、みなで〝意外だったね〟と言い合ったんです。非常にいい印象でした。成功して真々庵を買って、それまでは〝やはりお金持ちの人はみんな野村徳七（得庵）さんのように京都に別邸を持つんだな〟という風に思っていたんですから。ＰＨＰの話を聞いて〝へえー、すごいなあ〟とみんなで感心したんですよ。(30)

と語っている。

後　礼

こんな話が残っている。真々庵は東山を借景としているので、仲秋にはちょうど満月が庭正面より昇り、池面に投影して実に幻想的な風情となる。幸之助は真々庵を開いたその年の仲秋に、当時の会社幹部を「月見の茶会と宴」に招いた。日頃の慰労もあったのだろうが、ちょっと自慢だったに違いない。当日は曇りだったが、時折雲間から「荘厳華麗なる名月が姿をみせ皆拍手鳴りやまず」だったという。この「月見の茶会と宴」は翌年も行われたが、それを最後に開催されることはなかった。理由は、初回には各出席者全員から礼状が届いたのが、二回目の礼状は少なかったからだという。つまり「後礼」がなかったのが気に入らなかったのだ。

幸之助自身、会社のことであってもお茶の心で「迎付《むかえつけ》」「見送り」「後礼《ごれい》」を大切にした。例えば、ある部下が仕事の報告に本社まで来ると、報告が終わって執務室を辞す時には、もう老齢の幸之助が足を引きずりながら出口のドアの所まで来て、「ご苦労さま」と深々と頭を下げて見送った。またある時は、現在アサヒビール相談役の樋口廣太郎が、住友銀行五反田支店長赴任早々のまだ三十六歳当時のことだが、松下電器取引先の電気問屋や小売店が過剰な在庫に苦しんでいるのを見て、松下電器の財務担当者にその情報を伝えた。すると、樋口のもとに一本の電話がかかってきた。

「もしもし、松下ですが、樋口さんですか……」

「……失礼ですがどちらの松下さんですか」

「松下電器会長の松下です(中略)ええこと教えてくれはったな。おおきに」

と、丁寧に御礼を述べたという。

この様な話には枚挙に遑《いとま》がないが、まさに「茶人幸之助」を窺わせる逸話である。

幸之助の茶の湯

真々庵は宇宙根源曼荼羅図

幸之助の本業は、言わずと知れた会社経営である。「経営の神様」と言われ自著も多い。また、世界中の多くの人が幸之助の経営を解き明かそうと、膨大な量の研究書、解説書を発表している。「幸之助経営」の本は、不況になればなる程多く出版され、今なお人気が高い。

それに対し、幸之助のお茶に関して書かれたものは数少ない。しかし「人となりは余技に表れる」と言われるごとく、茶の湯を知ることによって、幸之助の神髄により迫ることができると考える。

例えば話は横道にそれるが、昭和に入ってから、表千家不審菴の蔵から千宗旦が息子江岑宗左《こうしんそうさ》に宛てた消息二百余点が発見された。そして従来のイメージとは違う、子煩悩《こぼんのう》で感情の起伏の激しい人間宗旦像が明らかになった。このように誰はばかることなく、自分の思い通りに表現できる手紙からは、より真実に迫ることが可能である。

さて、最初に話した「真々庵の七不思議」だが、お分かりいただけただろうか。何故だろう、とそんなことをずっと考えてきたのだが、最近少しずつ解って来た。

以下に述べる事はあくまで私見であるが、真々庵は「宇宙根源の曼荼羅図《まんだらず》」だったと考えている。万物が生成発展し、調和しながら物心一如の真の繁栄を生み出す姿を表しているのではないだろうか。そう考えると、多くの疑問や不思議が、からまった鎖を解くように分かってくる。

真々庵の中核に根源社を配する。伊勢神宮内宮の正確な八分の一の縮尺の社だ。場所は、真々庵の一番奥まった位置。それを取り囲むように周りの庭は、調和のとれた多様な世界を映している。そこには一人の偉人が際立つのでなく、万人が、動物、植物、鉱物も含めた全てが、互いに主張し合いながら、かつ調和する。幸之助が考える宇宙観だ。立派な大樹や名石、奇石が目立つのでなく、平凡な樹木、石、流れなどそれぞれが自らの役割を果たしながら、緊張感を持って全体を構成する。苑路は直線的でなく、柔らかい曲線を描き樹影に見え隠れする。流れは急でなく、それでいて澱《よど》みなく、せせらぎの音が聞こえ、鳥たちが遊ぶ。下草も多種多様で正しく百花繚乱《りょうらん》の景を呈している。そして、いつも清浄に清められ、開放的で光にみちあふれ、全体にピンと張りつめた清い気が満ちている世界だ。

また、一見異質とも思える特異な意匠の白砂と杉の一帯は、根源社への参道である。現在は白砂の庭として外から眺めているが、本来は真々庵の中央通りだ。そして、根源社の側に位置する茶室「真々」は、参る人の心をここで整えるための場所だ。したがって、目立たずひっそりと蹲《うずくま》るような姿の建築がよい。お茶一服を飲みながら静かに「素直な心」を養うのだ。

このように考えていくと、次から次へと幸之助のしたことが理解できる。それまであった腰掛待合、枝折戸《しおりど》、立派な水屋の付属した名席や由緒ある書院は必要ではなかった。目をうばわれるような灯籠や名物茶道具もいらない。

根源社へ至るには、二重、三重の心の結界を経て辿り着く。まず、正面入口の兜門《かぶともん》、ここで俗界の衣服を脱ぎ棄てる。曼荼羅世界への入口だ。次に多様で調和のとれた清浄な庭。それから、静かに広がった白砂と杉の道を通って、さらに心を清めて茶室に入り、何事にもとらわれない素直な心を静かに養う。そんなストーリーが見えて来る。

この曼荼羅世界は、もちろん一個人のものではない。万人が同じような体験をしてほしい、お茶一服を飲んで日頃の雑事から心を解放して物事をありのままに見る心、素直な心を得てほしいと願ったに違いない。

昭和三十七年四月、真々庵に根源社が建てられ式典が行われた。その時の〝式典のことば〟の中に「ここ真々庵の一角を選び清め、ここに宇宙根源を祀る一つの社をつくりたいと思うのであります。もとより宇宙根源力は万物にあまねくゆきわたっているもので、この社にのみ存在するというものではありません。しかしながら、常にその存在を忘れず感謝と祈念のまことをささげるためにその象徴として、ここにこの社を設けたのでありまｓす」とある。

「真々庵」の節で述べた庭改造の一コマで、幸之助の側から見た話として残っているものを、「曼荼羅図」を念頭に読み返すと、よく分かる。

座敷に座って庭を見ていると、正面の池にもう一つ力がない。庭全体の中に、そこだけ何か弱いように感じたのです。それからは見るたびに気になってしょうがない。ほんのわずかなことだけど、もう少し池を広げたら、池も生き、庭全体もよくなるのではないか、そんな思いが日に日に強くなってきたのです。

（中略）

そこで、正面の池を手前に少し、そして、左岸から向こう岸にかけても少し広げることにしました。そうすると、思った通り池に力が出てきたのです。静かな庭園に水音が冴えて、庭全体の眺めが一段とよくなりました。

その時、あらためて感じたのは、全体の調和の大切さということでした。池が池として立派なものであっても、庭全体との調和を欠いていては、その立派さは死んでしまう。やはり、池は池、松は松、灯籠は灯籠として、その特質を発揮しつつ、全体として調和するということが大切だと思ったのです。(31)


幸之助はよく言われるようにお客様への心配り、接し方は真々庵ばかりでなく会社でも極めて丁寧であった。お客様の姿が見えなくなるまで玄関でお見送りをする、お客様の歩かれる径路は事前に何度も歩いて支障がないか自分の目で確認する。

商人の心と茶の心

これらは、商人の持つお客様を大事にする精神が、幸之助の身体に染みついていたからである。船場に奉公に出て以来のお客様大切という心が自然と形に表れるようになり、そして茶道に出会った時、その中に今まで大切と思っていたことと同じ形があった。商人の心と茶人の心は同じであると感じたのだ。

立花実山《じつざん》が書いた『南方録』は、利休の草庵茶の精神を伝えるものだと言われている。

書かれた貞享、元禄ごろは、経済活動の拡大とともに茶の湯が華美になり、豪商達の間で名物道具を用いた茶事がしきりに催された頃であった。実山はそんな茶の湯に警鐘を鳴らし、利休に帰れと『南方録』を書く。そんな時代背景も現代に似ている。

巻一の冒頭に次のようにある。

茶の湯は台子《だいす》を根本とすることなれども、心の至る所は、草の小座敷にしくことなし。小座敷の茶の湯は、第一仏法を以て修行得道《しゅぎょうとくどう》する事なり。家居の結構、食事の珍味を楽《たのしみ》とするは俗世の事なり、家はもらぬほど、食事は飢《うえ》ぬほどにてたる事なり、水を運び、薪《たきぎ》をとり、湯をわかし、茶をたてて、仏にそなへ、人にもほどこし、吾《われ》ものむ。花をたて香をたく。みなみな仏祖の行ひのあとを学ぶなり。

露地に水うつ事、大凡《おおよそ》に心得べからず、茶の湯の肝要《かんよう》、ただこの三炭、三露

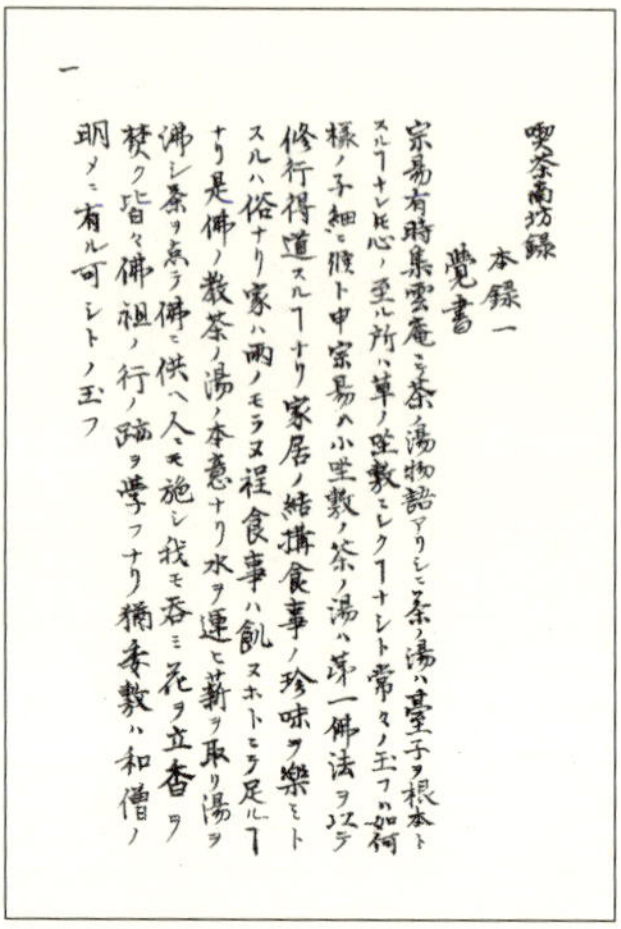
喫茶南坊録
本録一
覚書
宗易有時集雲庵ニテ茶ノ湯物語アリシニ茶ノ湯ハ臺子ヲ根本ト
スルヿナレドモ心ノ至ル所ハ草ノ坐敷ニシクヿナシト常々ノ玉フハ如何
様ノ子細ニ候ト申宗易ハ小坐敷ノ茶ノ湯ハ第一佛法ヲ以テ
修行得道スルヿナリ家居ノ結構食事ノ珍味ヲ楽トト
スルハ俗ナリ家ハ雨ノモラヌ程食事ハ飢ヌホトニテ足ルヿ
ナリ是佛ノ教茶ノ湯ノ本意ナリ水ヲ運ヒ薪ヲ取リ湯ヲ
沸シ茶ヲ点テ佛ニ供ヘ人ニモ施シ我モ呑ミ花ヲ立香ヲ
焚ク皆々佛祖ノ行ノ跡ヲ学フナリ猶委敷ハ和僧ノ
明メニ有ル可シトノ玉フ
一

『喫茶南坊録』写本（宮帯文庫蔵）

にあり。

このようにみると、幸之助の茶の湯は正しく『南方録』の世界そのものである。打水して、清浄無垢の世界にお客様をお迎えし、自らお茶を点ておもてなしをする。もっぱら小間で薄茶点前に専念した。

小座敷の料理は、汁一つ、菜二つか三つか、酒もかろくすべし、わび座敷の料理だて不相応なり。

幸之助も常に食事は「一汁三菜、大食いは短命のもとだ」と言っていたし、真々庵での朝食会も小さなおにぎり二個、それに菜一皿だった。酒も次の楽しみのために半分とっておく主義だった。少食についてこんな話がある。

新日本製鐵初代会長永野重雄の回想録によれば、ある時、幸之助、永野、伊藤忠商事社長越後正一の三人が裏千家の正午の茶事に招かれた。当日正客を譲り合ったが、結局一番年長の幸之助が正客を務めることとなった。幸之助は普段から少食なので、二人とも正客に

真々庵の茶室「青松」で永楽即全作白鳩図茶碗を用いて点前する幸之助

合わせてあまり食べなかった。あとで、永野と越後は「茶事は腹がへるもんですな」という話になったという。

また、さらに驚くのはお客様のお見送りについてのことだ。「帰時分《かえるじぶん》なるゆへ、露地をあらため、疎略《そりゃく》なきやうに手水鉢《ちょうずばち》にも、また水をたたへ、草木にも水をうちなどすべし。亭主露地口まで打送りて暇乞《いとまごい》申べきなり」とあり、それをさらに具体的に表した井伊直弼《なおすけ》の『茶湯一会集《ちゃのゆいちえしゅう》』では、「主客とも余情残心を催し、退出の挨拶終れバ、客も露地を出るに、声高に咄《はな》さす静ニあと見かへり出行ば、亭主は猶更《なおさら》のこと、客の見へざるまでも見送る也」。幸之助は普段の会社でもお客様の車が見えなくなるまで見

真々庵の茶室「青松」での幸之助

送り、再び静かに深々と一礼していた。

　このようにみてみると、幸之助と『南方録』の世界とが実にオーバーラップして来る。幸之助は、おそらく『南方録』を直接には読んでいないだろうが、断片的にその一節を聞いて自分なりに利休像を描いていたのではないか。

　ぼくは幸いにして学問をしていないんです。マルクスの本も、哲学者の本も、いっぺんも読んだことなしで、無学ですわ。ほんとのところは、ただぼくの生活体験から割り出すから、どの説にもぼくはとらわれないで、客観的に見られるわけですよ。どの道にも入って

ないから自由ですわ。(32)

そして、利休についてはこう述べている。

いろいろ偉い人は昔から多くおりまして、権力的な人では家康あり、秀吉あり、信長ありですが、精神的な面から偉い人といえば、学者にもたくさんおりましょうが、やっぱり利休さんですなあ。これだけ大衆に影響しているんですからね。

(利休は)やってることそのものが非常に精神的なものでしょう、だから今も続いているのですよ。それに上下の隔たりがない、しかも、利休さんの考え方は平和であり、自由である。だから、現在の民主主義と同じです。お茶は、あの当時から民主的だったのですから、感心ですな。(33)

長年にわたって、商人としての、あるいは人間としての体験を経て、そうありたいと考えた商人の心が、『南方録』の利休の心に一致していたのだ。

茶席において主と客は、互いに相手に細かな心づかいをし、まごころを持って接することが一座建立として大切なこととされる。しかし、幸之助はその前に自分自身の心のあり様を問題とした。自然で、素直でなければならないと考えた。何の飾り気もこだわりもない精神の調和を持った自分でいたい、小間に静かに独座し、釜の煮え立つ音を聞きながら独服する。そうすることで精神の調和が得られたのではなかったか。

また、茶道具については「もともとお茶の精神は、ありあわせのものでお茶の心を味わう、これが本道であるというのが（利休の）教えですね。いま道具茶になったとか何とかいうてますでしょう。（中略）道具茶は邪道であって、本当の茶はそこにあるものでお茶を点てて、そして味わって心を落ちつける。そういう茶の本道（後略）[34]」と語って、利休の精神性に共鳴する。

さらに、茶道をこう理解するのである。

茶道というものの根本は、結局は亭主とお客が相和して、お互いの心づかいが一体となってお茶が行われるというようなところにあるように思う。つまり亭主は誠心誠意お客をもてなし、お客もまた亭主の心づくしを受け、何事もつつましく謙虚に行うようにする。こういう心づかいを示しあうところに、「侘び」というようなものがある

のではないだろうか。(35)

主客の心のあり方を「侘び」とし、そのようなお茶の心と商人の心を重ね合わせていたのだった。

素直な心を求めて

幸之助の茶の湯は「素直な心」を求める求道のお茶だったと言える。

幸之助の茶道に関する発言は概して三つのグループに大別される。

①茶道は日本人の精神的な伝統文化であり、その考え方は平和的かつ民主的で、普遍性がある。

②茶室に入って一服飲むと心が落ち着き、精神的な豊かさを得られる。

③お茶の心は素直な心に通じる。

①については「商人の心と茶の心」でも述べたが、利休の考え方に共鳴し、伝統を受け継ぎ、未来へ伝えることを自らの使命とした。②は、正に実感だったに違いない。多忙な日常の中での一番心安まる時間だった。それは多くの茶室寄贈にもつながり、またその実感

が③に昇華したのではないだろうか。そのことについて、少し詳しく見てみたい。
若い時から、幸之助の頭の中は事業のことでいっぱいだった。食事の時も考え事をしながらだった。

その上、よく考え事をしながら食べるでしょ。ですから、ご飯粒は落とす、汁はこぼすで、ズボンによくしみをつけてしまいます。「ああ、おいしかった」とお箸を置いても、いったい何を食べたのか、何がおいしかったのか、これがはっきりしないのですよ。こんな調子では、一所懸命料理を作ってくれた家内にすまないと思いながら、永年の習性というものは変えられんもんですな。[36]

といった有様だ。
そんなか、多忙であればある程、「茶室での一服」は得難い一時であったにちがい

真々庵で「素直」揮毫中の幸之助

ない。

非常に一方で動的活動をしているからね。その反対の、まあ静かな一時というものをつくって、心を落ち着けるとか、養うとか、そういう気分は必要である。望ましいからね。そういう態度を取りたいと思うけどね、まあそこまで余裕ないんですね。お茶を飲んどっても、他のことを考えているというわけですわ、早く言うとね。(37)

またその一方、戦後の荒廃した日本を見てはじめたPHP活動は、当時一番の関心事であった。少し長くなるが、幸之助の思想の根幹なので説明をしたい。

あの終戦後の荒廃した日本においては、お互い日本人はみなその日その日を生きていくこともむつかしい。非常に窮迫した姿にあった。町という町は瓦礫の山と化し、まことに索漠とした情景で、人心もまた混乱混迷の姿に陥っていた。

何故人間というものは、こんな悲惨な状態にみずからなるのかと。僕は真剣に悩みましたね。鳥でさえ、栄養失調なんていう鳥はないんですよ。それを人間は万物の霊

長だといわれながら、みずから栄養失調になって餓死せんならん。(38)

そして、人間とは何かと考えるようになる。

そこで「人間を考える」という考え方は今のいま思いついたもんではないんです。終戦直後の時代にもう考えていたんです。それでまあ、人間というものは、非常にたくさんの長所を本来与えられている、本質的にはね。そういうふうに解釈するのがいいだろう、と。それで、新しい人間観の提唱というものをああいう形で出したわけです。(39)

昭和四十七年、それまでの真々庵で行っていた研究の成果を『人間を考える―新しい人間観の提唱』という一冊の本にして世に問うた。その中で、「宇宙に存在する一切のものは、つねに生成し、たえず発展している。それが自然の理法である。そして人間は、この宇宙を認識し、自然の理法を解明して、万物それぞれの特質を見出し、自然の理法に従って万物を生かすことが出来る。そういう力なり能力を本質として与えられている。万物の王者としての天命を与えられている」と人間観を述べ、「(人間が)その光り輝く本質を発揮し、物心一如の調和ある繁栄というものを実現するためには、素直な心でみずからに与えられた本質、天命をしっかりと認識しなければならない」と言う。そして「素直な心」を活動の基本に据えた。

何といっても心のありようが大切だと思う、いわゆるエゴというか、自己の単なる欲望とか利害にとらわれてものを見、何かを求めていくというのでは、必ずあやまつことになるだろう。もっと、落ち着いた静かな心で、虚心坦懐《きょしんたんかい》に世の中をみていくのでなくてはならないと思う。

それは素直な心といってもいい。素直な心というのは、何か一つのものにとらわれたり、一方に片寄ったりしない心である。私心なく、ものごとをありのままに見る心である。素直な心になれば、物事の真実の姿、実相というものが見えてくる。何をなすべきか、何をなすべきではないかということも、あやまりなく判断できるようになって来る。

だから私は、素直な心は、人間を正しく強く聡明にするものだと考えている。(40)

と、「素直な心」の大切さを機会あるごとに語る。しかし「素直な心」になるのは難しいと言う。「ぼくも素直になりたい、たえず素直でありたいと考えておったんです。これは相当時間がかかりますなあ。一日素直にやったかどうかを反省してみる。それを毎日毎日やれば、素直な心の初段になれるんではないか。それには三十年かかります」。「それではどうしたら、そのような落ち着いた素直な心が養えるのだろうか」、と自ら問いかけ、その答えを茶道にみつけた。

こうすればいいという的確なことは言えないが、ただ、数百年の伝統を持ち、その間ずっと心の落ち着きを養ってきた茶道というもの、お茶の心というものには、素直な心に通じるものがあるように思っている。

お茶席におけるいろいろな心づかい、お茶室の静寂なたたずまい、あるいは一服のお点前の中に、何か非常に心が洗われるというか、そのひとときには、ふだんなかなか持てないでいる心の落ち着きというものがごく自然のうちに得られるような感じがするのである。

そういう意味ではお茶の心というものは、とらわれない心であり、ありのままに見る心であり、いってみれば素直な心そのものではないかという感じも一面にしている。

お茶というものは作法というか、形から入るわけで、その点、誰でも入りやすい。何か特別なきびしい修行をするというのでなく、お茶を味わい楽しみつつ、人間として大切な心の落ち着き、素直な心というものが養われてくるわけで、まことに好ましいといえよう。(41)

よく何にもとらわれない素直な心が大事だといわれるが、お茶をやってみると、なるほど素直な心が大切だな、素直な心にならなくてはいけないなということがよくわかる。

いろいろ心配りをするのでも、本当に素直な心でやらなくてはならない。そうでなく、他意を持って心配りをする、何かを求めて心配りをするというのではうまくいかない。いわゆる邪道に陥ってしまうわけである。

お茶を愛好することの値打ちが、そういったところにあるわけで、だから茶道は一つの精神修養というものにも通じると思う。(42)

一畳台目の茶室「真々」に入り、至福の一時を過ごす。心から私心を追い払い「素直な心」になろうとして黙々と点前をする。目前の壁は仕上げをしない中塗りのままが良い。茶道具も目を奪うような名品は邪魔になる。木漏れ日が障子を通してさらに柔らかい光になって差し込む程の明るさが、一番心が落ち着く。

茶の湯は日本人の心のふるさとである。私は以前より茶の湯に親しみ、ときには自分でお茶を点て、心からその味わいを楽しんでいる。日々忙しくしていることが多いけれども、茶を点てるひとときは何かしら心の安らぎをおぼえ、私の精神生活に欠かせないものになっているのである。

もちろん、このお茶の道、茶道というものは、究めれば究めるほど奥のあるもので、その極意に達するようなことは、これはなかなかできないものだと思う。

しかし、ごく通俗的な表現をすると、茶の湯というものは非常に気分を落ちつかせるものである。あの茶室に入った時の気持ちほど楽しい時はない、といってもいいほどの和やかな安らぎ、余裕を感じさせてくれる。そしてゆとりというものこそ今日のお互いにとってきわめて必要なものではないかと思うのである。(43)

また、武者小路千家有隣斎夫人千澄子との対話では、次のように話している。

和敬清寂の心というのを分り易く言えば、ぼくは素直な心という言葉に置き換えられると思うんです。お茶をやる人は、本当は素直な心にならんといけないわけですな。素直な心なくしてお茶はやれないわけです。だからお茶をやる人は、実は素直な心を持ってありのままにものを見ていくということですな。四角いものを見て三角に見えるという心では、お茶の心ではないということですね。

最後に、茶席での逸話をひとつ。今日庵老分で博報堂社長の近藤道生《みちたか》（平心庵）の記録を紹介したい。

平心庵が吉兆の湯木貞一に所望して、昭和五十九年（一九八四）九月十二日、高麗橋吉兆容膝軒にて名月茶会が催された。正客は大徳寺の立花大亀老師、次客が幸之助。連客に住友銀行頭取浅井孝二、大蔵省徳田博美、道具商善田一雄の合わせて客六人。床は重文の高野切古今倭歌集巻第九羈旅《きりょ》歌（第一種）「あまの原ふりさけ見れば春日なるみかさの山に出でし月かも」、点前座には宗四郎の眉《まゆ》四方風炉に古芦屋《こあしや》団扇馬地紋《じもん》真形釜《しんなりがま》が懸る。その茶席で突然、正客（大亀老師）が次客（幸之助）に向かってこう言い放ったのである。「君のおかげでこんなに心がなく物ばかりのいやな日本になってしまった。君の責任で直してもらわなければならん」。四番目に坐った私（平心庵）はまじまじと次客の顔をうかがった。松下さんは沈黙のままただ考え込まれる様子で、温容は崩れない。亭主の湯木貞一氏は何事もなかったかのように、眉ひとつ動かさず、たまたま四方風炉にかかる古芦屋釜と向き合って、手馴れた点前をしずかにすすめておられる。さてあれだけ激しい発言をされた正客の表情や如何に、と視線と移すと、これはしたり、今宵の月のような澄まし顔である。正客の大亀老師もみずから振りおろした喝棒《かつぼう》に、身じろぎもしない次客、松下幸之助翁の神色自若《しんしょくじじゃく》の居ずまいに、却って日本の前途に対する安心を見出されたのであろうか、うき世めぐりの飄々《ひょうひょう》たるいるさの月のお顔にもどっている。[44]

（注、この日、待合に松平不昧《ふまい》筆の沢庵の歌「山をいでうき世をめぐりまた山にいるさの月ぞ身のたぐひなる」が掛けられていた）

ちなみに、この時の懐石の控えが湯木美術館にある。

記

向　付　若狭ぐじ糸造・わさび穂紫蘇《ほじそ》・岩茸　祥瑞《しょんずい》針木皿
汁　　八丁味噌　焼き茄子・おとし辛子
煮物椀　すっぽん　薄あん落し生姜　蒔絵平椀
焼　物　若狭かれい干物片身　砧《きぬた》青磁二段菊鉢
預鉢《あずけばち》　ずいき・生姜葉あげ・ほうれん草・茗荷《みょうが》　むら雀文鉢　真葛作
小吸物　松茸一枚・ときうめ
八　寸　はじき・むかご二つ松葉打ち
強肴《しいざかな》　むしうに　井戸
香　物　沢庵・胡瓜・しば漬　備前編笠鉢　保全作
湯斗《ゆとう》　こがし　かないろ
　銚　子　鉄・仁清作　色絵鶏蓋
塗　盃　惺斎好朱塗浪蒔絵　宗哲作

徳 利 粉引《こひき》
盃 黄瀬戸平・赤絵金襴手・オランダ花文盃(45)

註

(1) 淡々斎『茶に生きる』(淡交新社、昭和三十五年)
(2) 千嘉代子述、千登三子記『胸の小径』(淡交社、昭和四十九年)
(3) 「日本庭園の真の美」(川崎幸次郎『川崎幸次郎作庭集 数寄屋の庭』所収、誠文堂新光社、昭和五十三年)
(4) 「作庭覚書」(川崎前掲書所収)
(5) 前掲「作庭覚書」
(6) 京都の庭師小野陽太郎氏の講演「川崎幸次郎に聞いたこと」(平成十六年)
(7) 前掲「作庭覚書」
(8) 松下幸子「娘が語る『父と母の生きざま』」(『ほんとうの時代』特別増刊号『松下幸之助の生き方・考え方』所収、ＰＨＰ研究所、平成九年八月)
(9) 前掲「作庭覚書」
(10) 松下幸之助「道は明日に」(『サンデー毎日』所収、毎日新聞社、昭和四十九年三月三十一日)
(11) 細川ちか子氏との対談(『評』100号記念号所収、評論新社、昭和三十七年八月)
(12) 中村昌生「碧雲荘散策」(『野村得庵と碧雲荘』所収、碧雲荘、平成四年)

(13)『物とこころ――松下幸之助 千宗室対談』(読売新聞社、昭和四十八年)
(14)「お茶の妙味」(『松下真々庵茶室集録』所収、淡交社、昭和五十一年)
(15)「ざわついた世相とお茶の心」(『淡交』所収、淡交社、昭和五十一年一月号)
(16)前掲「お茶の妙味」
(17)前掲『物とこころ』
(18)前掲『胸の小径』
(19)前掲「娘が語る『父と母の生きざま』」
(20)中村義明氏へのインタビュー「父外二と松下幸之助」(平成十七年)
(21)前掲「父外二と松下幸之助」
(22)前掲「父外二と松下幸之助」
(23)「高い目標と強い要望が会社発展の源泉」(松下電器経営方針発表会、昭和五十六年一月十日)
(24)「報恩茶会記」(『淡交』所収、淡交社、昭和六十一年十一月号)
(25)「松下幸之助経営のコツと茶の精神」(『太陽』所収、平凡社、昭和五十五年)
(26)『京華 創立百周年記念』(京都美術倶楽部発行、平成二十年)、五二〜五三頁所載
(27)前掲「松下幸之助経営のコツと茶の精神」
(28)『松下幸之助一日一話』(PHP研究所、昭和五十六年)
(29)前掲「娘が語る『父と母の生きざま』」
(30)牛尾治朗「虫の目と鳥の目」(『PHP本当の時代』特別増刊号『松下幸之助成功する「習慣」』所収、PHP研究所、平成十三年十月)

(31)「池と庭と」(『松風』所収、松下電器産業、昭和三十七年四月号)
(32)前掲『物とこころ』
(33)前掲『物とこころ』
(34)前掲『物とこころ』
(35)前掲「お茶の妙味」
(36)『人を見る目・仕事を見る目 松下幸之助エピソード集一』(PHP研究所、昭和六十年)
(37)記者クラブ懇談会(昭和四十五年四月五日)
(38)前掲「お茶の妙味」
(39)前掲『物とこころ』
(40)前掲「ざわついた世相とお茶の心」
(41)前掲「ざわついた世相とお茶の心」
(42)『グラフィック茶道 やすらぎ』創刊七月号(芸術文化社、昭和五十年七月)
(43)前掲「お茶の妙味」
(44)近藤道生「道具がたり、人がたり、天の原ふりさけみれば」(『淡交』所収、淡交社、平成十五年九月号)
(45)湯木美術館提供

あとがき

谷口全平

平成元年四月二十七日、その日の朝、私はPHP研究所である会議に入っていました。十時二十分頃だったでしょうか、突然、地元、京都新聞の記者から電話が入ったのです。「いま松下さんが松下病院で亡くなりました。至急コメントを取りたいので京都在住の経営者や文化人で、親しくしておられた方を教えて下さい」

〝何かの間違いではないか〟、そう思いました。その二十日ほど前に上司が仕事の報告のため松下病院に行っていて、元気だったことを聞いていたからです。すぐに松下電器（現パナソニック）の秘書室に電話を入れ、問い合わせたのですが、「まだ連絡は入っていません」とのこと。しかし、テレビが次々に「松下さん死去」を報じ、新聞各紙が号外を出したのでした。享年九十四歳。あれから早いもので二十九年の歳月が流れ、幸之助さんが立ち上げたパナソニックは創業百年を迎えています。

幸之助さんは、「人生の八〇パーセントは運命によって決まっている」と言いましたが、これも運命なのでしょうか、私は電器関係の仕事に携わるつもりが、奇しくも幸之助さんの下で研究や出版の仕事をし、晩年の二十四年間、直接間接にその言動にふれることができました。そして今思うことは、幸之助さんは仕事だけではなく何事をもつきつめて考える人だったということです。考えに考え、悩みに悩んで、一つの結論を得、その結論に力を得て実行し、また考えに考え抜く。眠れない夜も多々あったようですが、そのような繰り返しの中からみずからの信念、哲学を確固としたものにしてきたのだと思うのです。

考えたのは、経営のことだけではありません。その経営を行う人間のこと、その人間を育む社会や大自然、そして宇宙のことにまで及びました。そしてたどり着いたのが、「人間は、たえず生成発展する宇宙に君臨し、宇宙にひそむ偉大なる力を開発し、万物に与えられたるそれぞれの本質を見出しながら、これを生かし活用することによって、物心一如の真の繁栄を生み出すことができる」偉大な存在だということでした。このような信念、哲学がバックにあったからこそ経営も力強いものになったのではないでしょうか。

その思索のときに大事にしていたのが何にもとらわれない「素直な心」でした。人間には欲望も感情もあり、それぞれに過去の体験も持っています。時にそうしたものにとらわれて真理を見失い、間違った方向に進んでしまうのもまた人間です。それではいけないと幸之助さんは我々にも「素直な心が大事。素直の初段を目指せ」とよく言ったものです。

幸之助さんは、真々庵に来ると必ずまず根源の社の前で祈り、そしてお茶室に入るというのが日課になっていました。根源の社の前で静かに瞑想にふけっていた幸之助さんの近寄りがたい姿を今も思い出しますが、大変忙しい幸之助さんにとってそれらの時間が素直な心を取り戻す貴重な時間になっていたのではないでしょうか。

二論考はそれぞれPHP研究所発刊の『松下幸之助研究』二〇〇二年秋季号、および『論叢松下幸之助』二〇〇六年四月発刊号（両誌とも現在は『衆知』と改題、リニューアルされ、隔月で発刊されている）所載の論考に加筆したものです。お世話になったPHP研究所の佐藤悌二郎専務はじめ関係者の皆様に御礼を申し上げます。また、宮帯出版社の飯田寛編集長と、既に退社されていますが、本書を発意され編集作業に当たっていただいた後藤美香子さんには、出版が遅れたため大変なご迷惑をかけました。お詫びとともに御礼を申し上げます。

本書によって、これまでの書籍とはまた違った面から、幸之助さんが目指していた世界をいささかなりともお伝えすることができれば望外の喜びです。

三十回忌命日の日に

編集を終えて

宮帯出版社編集部

松下幸之助の茶風は、徳川家康のそれに似ている。こう書くと突飛なようだが、両者には共通点が多い。

家康は天下をとり、その結果多くの宝物《ほうもつ》類を収蔵した。しかし、織田信長や豊臣秀吉と違って、それらを愛玩することはあまりなかった。一方幸之助は、幾度も長者番付首位となった大資産家であり、茶道具の名品を数多く所持していた。だが、重文「佐竹本三十六歌仙絵巻断簡」の逸話（五九頁参照）にみるように、茶道具への執着が驚くほど薄い。茶室・庭園に対する姿勢とは対照的である。

世にあまり知られていないが、実は茶の湯を愛好していたという点でも、二人は似ている。カバーに掲載した写真をご覧いただきたい。南鐐《なんりょう》（純銀）の霰釜《あられがま》から湯を汲む幸之助は、左腕に時計をつけたまま点前をしている。いうまでもなく、これは作法に適わない行為であるが、時計を外す間もないほど多忙な中で、それでも点前をして茶を点てる幸之助の、茶の湯への愛を感じる一枚である。

そんな幸之助が好んだのは、松花堂昭乗の墨画だった。本書で紹介した、身内ともいえる裏千家の茶会八回のうち五回で、松花堂の掛物が用いられている。短気な性格の上、経営者として激務に追われ、とかくストレスを感じることが多かったであろう幸之助にとって、松花堂が描く穏やかで愛らしい人物の表情が、癒しになったのかもしれない。

茶人としての幸之助を語る上で、茶道具以上に重要なのが、茶室の寄贈である。大名松平不昧は江戸大崎の自邸に十一、益田鈍翁は小田原掃雲台に九の茶室を、それぞれ晩年に設けたが、幸之助は十五もの大型茶室を各地に建て、しかも寄贈して公の利用に供したのである。他に類を見ない、偉大な事績である。

従来、「数寄者」と捉えられることはまずなかった幸之助であるが、京都の北村美術館を開いた北村謹次郎や、吉兆を創業した幸之助の茶友湯木貞一と並ぶ、最後の近代数寄者の一人といえるのではなかろうか。本書が、わが国を代表する財界茶人・名次庵松下幸之助を広く知っていただくきっかけになったなら、これに勝る幸いはない。

松下名次庵茶会記

昭和三十四年(一九五九)十一月十二日、十三日

光悦会

於 光悦寺騎牛庵

(主)担当 京都世話人(松下名次庵)

濃茶席

寄付

床

本阿弥光悦 文

今宵千殿と咄申度候御返事次第可参候かしく

待合　自得軒

床　重要文化財 藤原信実 後京極良経 佐竹本三十六歌仙絵巻断簡 大伴家持　佐竹家伝来[1]

さほしかのあさたつをの、あきはきに たまとみるまてをけるしらつゆ

香合　祥瑞蜜柑 九枚葉 在銘　益田鈍翁旧蔵[2]

炭斗　時代竹組籠 イビツ

火箸　道安遺物 三斎好 桑柄 竹筒石州書付 六本ノ内　石州所持 細川家伝来

鐶　鉄 素張 虫喰 明珍宗介在銘

羽箒　時代野雁

釜敷　時代籐透組

灰器　長次郎作 随流斎箱　井上世外旧蔵

灰匙　宗和好　時代桑柄

莨盆　時代松四方　遠州歌　宗旦所持

火入　志野　草花絵

莨入　桐唐草蒔絵　春正作

煙管　浄益作

本席

床　紀貫之　名家家集切　是則集断簡　坂上是則　秋巻頭　藤田香雪旧蔵（3）

はつしくれふるほともなくさほやまのこすゑあまねくいろつきにけり　他二首

花　白玉椿

花入　古備前　福耳

釜　千家名物 利休百会 霰丸 与次郎作　少庵・江岑・如心斎箱
利休所持(4)
松平讃岐守家伝来
利休百会記・古今名物類聚所載

炉縁　木地 丸太 十蔵作　比老斎箱
雁金屋半兵衛家伝来

水指　重要美術品 古伊賀 擂座 銘破袋
説田鶴山旧蔵(5)

茶入　中興名物 銘三笠山 瀬戸飛鳥川手　舟越伊予守箱 同文添
肥前島原侯松平主殿頭家伝来(6)
大正名器鑑所載

仕覆　舟越間道 白茶地花兎文 渦文緞子

茶碗　千家名物 金海州浜形 銘藤浪　江岑箱
宗旦所持
藤田香雪旧蔵
大正名器鑑所載

茶杓　千宗旦 共筒 銘紅葉　原叟・不白替筒・箱(7)

蓋置　竹引切　利休在判　宗旦箱　平瀬家伝来

建水　瀬戸　宗和箱

茶　嘉祥　中沢松籟園詰

菓子　きんとん　松屋常盤製

昭和三十八年（一九六三）十月二十六日、二十七日

少庵三百五十回忌大茶会

於大徳寺徳禅寺

主 松下名次庵

濃茶席

待合

床　清巌宗渭　一行　吟風一様松

煙草盆　虫籠　一閑作

火入　絵志野

本席

床　大燈国師　墨蹟　日山号　利休所持⑧　溝口家伝来
利休好表具　一風　紫地印金　中　茶地印金　上下　浅黄無地北絹
利休箱　甲・内・底三ヶ所あり
大林・玉舟外題　遠州・舟越伊予守・仙叟・伝心文添

花　照葉　椿

花入　古銅六角　牛耳　銘雁　江月色紙　江月より遠州へ　遠州箱　松平周防守家伝来　根津青山旧蔵

香合　祥瑞蜜柑　九枚葉　在銘　益田鈍翁旧蔵

釜　千家名物　利休百会　霰丸　与次郎作　少庵・江岑・如心斎箱　利休所持　松平讃岐守家伝来
利休百会記・古今名物類聚所載

炉縁　木地　半入作　江月在判　箱底ニ利休所持ト有り　利休所持　寸松庵伝来

水指　古備前　南蛮蓋

茶入　大名物　銘酸漿文琳　唐物　光悦箱　酒井家伝来(9)

仕覆　永観堂角龍古金襴　舟越間道　笹蔓緞子

盆　唐物　若狭盆　家康—酒井家伝来

茶杓　織田有楽　共筒　仙叟替筒　原叟・淡々斎箱

茶碗　高麗雨漏　銘翁　遠州箱　三井家伝来

翁さひ人なとかめそから衣　けふはかりとそ田鶴も鳴なる

蓋置　竹引切　利休在判　宗旦箱

建水　木地曲

茶　嘉祥　中沢松籟園詰

菓子器　縁高

炭斗　唐物籠　竹組　底四方　宗旦在判　仙叟絵図箱　淡々斎外箱[10]

火箸　道安遺物　三斎好　桑柄　竹筒石州書付　六本ノ内　石州所持　細川家伝来

鐶　鉄　素張　虫喰　明珍宗介在銘

羽箒　時代野雁

釜敷　籐組　了々斎箱　利休所持

灰器　長次郎作　石川自安直書　鴻池家伝来[11]

灰匙　宗和好　時代桑柄

昭和四十年(一九六五)九月六日、七日

無限斎碩叟居士一周忌大茶会

於 大徳寺徳禅寺
主 松下名次庵

濃茶席

待合

床　松花堂昭乗　普化禅師像　沢庵宗彭賛

きくやいかにふれともさらにならぬこそ　実の鈴のまさねなりけれ

香合　名物　唐物青貝　念珠布袋

石州箱　貞芳箱

石州所持⑫
益田鈍翁旧蔵

炭　斗　　唐物籠　竹組　底四方　宗旦在判　仙叟絵図箱　淡々斎外箱

火　箸　　鉄　菊頭象嵌　徳元在銘

鈫　　　　鉄　素張虫喰　明珍宗介在銘

羽　箒　　野雁

釜　敷　　籐組　　　了々斎箱　　　利休所持

灰　器　　雲華　宗品作

灰　匙　　唐物　七宝

煙草盆　　木瓜形　手付　一閑作

火　入　　呉須　二聖人図

煙草入　　唐物籠　　　関戸松下軒旧蔵

煙　管　　淡々斎好

本席

床　竺田悟心　墨蹟　送別語
清巌・江雪・良長老・実堂・石州・舟越伊予守添状　遠州箱⒀

花　菩提樹　木槿

花入　古伊賀　六角　耳付　庸軒箱　同文添

釜　芦屋　瓢形　霰地紋

風炉　黒　利休面取　宗全作

板　荒目

水指　南蛮　縄簾　不昧箱⒁　雲州蔵帳所載

茶入　中興名物　銘浅野肩衝　稲葉家・松浦家伝来

仕覆　石畳金入波兎文　五色筋金襴菱文　織留間道　針屋裂

挽家　遠州　同文添

いかにせむしのふとすれとなにたて丶あさの丶き丶すかくれなき身を

茶杓　織田有楽　共筒　仙叟替筒　原叟・淡々斎箱

茶碗　長次郎　黒　銘枯樽　仙叟・不見斎・淡々斎箱　利休所持⑮　東本願寺伝来

替　大徳寺呉器　内紅葉外腰替　藤田香雪旧蔵

出帛紗　唐物毛織

蓋置　竹引切　利休在判　宗旦箱

建水　青銅　松平周防守箱　益田鈍翁旧蔵

茶　淡々斎好　紫苑昔　中沢松籟園詰

菓子　羅漢餅　松屋常盤製

器　縁高

昭和四十年（一九六五）十一月十一日、十二日、十三日

光悦会

於 光悦寺大虚庵

（主）担当 京都世話人（松下名次庵）

濃茶席

待合　了寂軒

床　酒井抱一　枯木梟画賛

夜が明たら湯をわかそふ　ゆがわいたら茶をたてよふ

大沢専蔵旧蔵（16）

香合　呉須　木瓜

炭斗　唐物 籠 十字底　石州所持 細川家伝来

火箸　道安遺物 三斎好 桑柄 竹筒石州書付 六本ノ内

鐶　鉄 象眼 大角豆 徳元在銘

羽箒　大鳥 遠州箱　藤田香雪旧蔵 遠州蔵帳所載

灰器　信楽 松平周防守箱　藤田香雪旧蔵

灰匙　宗和好 時代桑柄

莨盆　時代桑手付　益田鈍翁旧蔵

火入　絵唐津 桃形

本席

床　重要文化財
霊石如芝　墨蹟
玉室外題点字奥書　江月・遠州添状　万仞外箱　南禅寺伝長老極　玉舟奥書
鴻池家伝来(17)

花　ときのもの

花入　伊賀　耳付　銘本願寺(18)

板　時代木地

釜　芦屋　霰　牛引御所車地紋

炉縁　木地　半入作　江月在判　箱底ニ利休所持ト有リ
利休所持
寸松庵伝来

五徳　蝮爪　初代寒雉作
竺叟箱

水指　備前　矢筈口　共蓋　呉須赤絵替蓋(19)

水　次　唐物薬罐　底ニ利一字判　随流斎・碌々斎箱　利休所持

茶　入　中興名物　銘小川　本歌　瀬戸　遠州箱　松平伊賀守外箱　赤星弥之助旧蔵⑳

仕　覆　茶地小文金襴　織部緞子　萌黄地石畳金襴　茶地雲文金襴

茶　杓　蒲生飛騨守氏郷　共筒

茶　碗　高麗雨漏　銘翁　遠州箱　三井家伝来

翁さひ人なとかめそから衣　けふはかりとそ田鶴も鳴なる

帛　紗　首座裂

蓋　置　竹引切　利休在判　宗旦箱

建　水　青銅　松平周防守箱

茶　幾久昔　中沢松籟園詰

菓　子　初霜　松屋常盤製

器

縁高

昭和四十年（一九六五）十二月一日

北野神社大献茶副席

於北野天満宮明月舎
主松下名次庵

濃茶席

待合

床

清巌宗渭　一行　吟風一様松

香合

交趾　黄釉　笠牛

藤田香雪旧蔵

本席

床　雪舟　菅公像
一文字廻　風帯　紫地印金

花　雲龍梅　神楽椿

花入　青磁　算木地紋　日月耳付

釜　仙叟好　矢筈　寒雉作　不見斎・淡々斎箱

炉縁　豊公時代高台寺蒔絵

風炉先　桐木地　重扇透　淡々斎好同箱

水指　呉須　十二角　牛絵　竹摘　共蓋

長板　淡々斎好

水次　大内滅金　雲菊浮出文

前田家伝来㉑

茶器　溜菊蒔絵　胡民作　三ノ内

茶杓　如心斎　銘初雪　北野三十本内　共箱　如心斎文添　了々斎箱

茶碗　ノンコウ　赤筒　銘玉梅　一燈箱

替　御本　一本松の絵

替　織部黒　元蔵作　呼銘窓梅

蓋置　乾山　千切

建水　砂張

茶　好の白　中沢松籟園詰

菓子　初霜　末富製

器　呉須　玉取獅子鉢

干菓子　梅　松葉　亀屋伊織製

器　唐物　独楽盆

煙草盆　虫籠　一閑作

火　入　祥瑞　一閑人

煙草入　唐物　金馬

煙　管　淡々斎好

手　焙　時代桐蒔絵　阿古陀形

昭和四十一年(一九六六)五月七日、八日、九日

裏千家十五世家元継承記念茶会

於平安神宮澄心亭

主松下名次庵

薄茶席

待合

床　沢庵宗彭　烏丸光広　両筆短冊

ふらぬあめたまらぬ露のしたゝれは　軒端につゝく夏山の色

はなころも世のならはしにたちかへて　みとりにそむる山姫の袖

香合　唐物堆朱　鏡獅子(22)

本席

床松花堂昭乗　大黒布袋遊戯図　江月宗玩賛　横物
花入　古備前　福耳
花　牡丹
釜　仙叟好　焼飯　三右衛門作　玄々斎・淡々斎箱
風炉　唐銅　遠州切形　輪花口
敷板　淡々斎好
風炉先　淡々斎好　扇面重透
水指　流釉　管耳　仁清作　共蓋
棚　遠州好　時代桑木地
水次　時代滅金　七宝文

三井家伝来(23)

茶器　時代研出　浜松蒔絵平棗　鴻池家伝来
替　南京赤絵　手桶
茶杓　不見斎　共筒　銘三番叟　共箱　淡々斎箱
茶碗　宗入　黒　銘烏帽子　覚々斎・了々斎・淡々斎箱
替　祥瑞丸文　在銘　山水描分
替　志野
蓋置　玄々斎好　鉄　松風印　共箱　淡々斎箱
建水　御本　松竹梅絵
茶　好の白　松籟園詰
菓子器　呉須赤絵　玉取獅子鉢
煙草盆　時代松生節　四方　手付

火　入

絵唐津　桃形

昭和四十六年(一九七一)十一月十一日、十二日、十三日

光悦会

於 光悦寺騎牛庵

担当(主) 京都世話人(松下名次庵)

濃茶席

待合　自得軒

床　狩野探幽　月図　小堀遠州賛

唐ひとも

堀田加賀守所持

香合　呉須　木瓜

炭斗　唐物籠　竹組　底四方　宗旦在判　仙叟絵図箱　淡々斎外箱　藤田香雪旧蔵
遠州蔵帳所載

羽箒　大鳥　遠州箱

火箸　道安遺物　三斎好　桑柄　竹筒石州書付　六本ノ内　石州所持
細川家伝来

鐶　鉄　象眼　大角豆　徳元在銘

釜敷　籐組　了々斎箱　利休所持

灰器　長次郎作　石川自安直書　鴻池家伝来

灰匙　宗和好　桑　四方柄

莨盆　時代桑　鞍形

火入　絵志野

莨入　時代菊蒔絵　六角

煙管　庸軒好

本席

床　重要美術品　寸松庵色紙　凡河内躬恒　兵庫柏木家旧蔵[24]

道志らはたつねも遊かむもみちはをぬさとたむけて秋はいにけり

花　本阿弥椿

花入　大名物　唐物古銅桃尻　天下三器ノ内　志野宗信―三好越前―一渓道三―鴻池家伝来[25]

唐物黒盆添　内箱貼紙鴻池道億筆同所持

盆　羽根田

釜　丸　与次郎作　仙叟箱　一燈・不見斎折紙添　高桐院伝来

炉縁　縞柿　半入作　江月・沢庵和尚両筆　幽松風鳴水声文字有

水指　伊賀 耳付

茶入　中興名物 銘増鏡　瀬戸玉柏手　遠州歌銘箱　不昧公外箱　雲州蔵帳所載[26]

仕覆　釣石畳 金入緞子

茶碗　黒田伯庵　遠州箱　黒田家伝来

帛紗　万暦緞子

茶杓　千道安 共筒　原叟替筒同箱宗全文添　益田鈍翁旧蔵[27]

蓋置　青竹引切

建水　木地曲

茶　和祥の昔　松風園詰

菓子　初霜　松屋製

昭和五十年(一九七五)十一月十一日、十二日、十三日

光悦会

於 光悦寺騎牛庵

担当(主) 京都世話人(松下名次庵)

濃茶席

寄付

自得軒

床

松平不昧公 釣釜画賛 細幅

くわんすをば

香合

祥瑞蜜柑 九枚葉 在銘

益田鈍翁旧蔵

炭斗　唐物籐組　益田鈍翁旧蔵

羽箒　大鳥　宗中箱

鐶　珠光自作　鉄　紹鷗――利休伝来
　大心和尚・玄々斎巻物添　大心和尚・玄々斎箱

火箸　三斎好（道安遺物）　桑柄　竹筒石州書付　六本ノ内　石州所持　細川家伝来

釜敷　利休本箇（歌カ）　一渓和尚包紙　随流斎箱　藤田香雪旧蔵

灰器　長次郎作　石川自安直書　鴻池家伝来

灰匙　遠州好　桑柄　篷雪箱

莨盆　時代桑手付

火入　志野　草花絵四方

莨入　金馬　辻堂　久須美疎安箱

煙管　庸軒好

本席

床　紀貫之　名家家集切　是則集断簡　坂上是則　秋巻頭　藤田香雪旧蔵

はつしくれふるほともなくさほやまのこすゑあまねくいろつきにけり　他二首

花　牡丹

花入　重要文化財　古伊賀　耳付　銘小倉　赤星弥之助旧蔵

釜　名物　阿弥陀堂　本歌　与次郎作　原叟外極　伝来書数々　三斎所持㉘

速水長門守—萩原三品—後藤宗伴伝来

炉縁　木地　半入作　江月在判　箱底ニ利休所持ト有リ　利休所持

寸松庵伝来

五徳　利休　長爪　原叟箱

水指　古備前　種壺　ハンネラ蓋　金沢 村松窓庵旧蔵

茶入　大名物 銘酸漿文琳　唐物　光悦箱　酒井家伝来

仕覆　永観堂角龍古金襴　舟越間道　笹蔓緞子

茶碗　千家名物 金海　州浜形　銘藤浪　江岑箱　宗旦所持　藤田香雪旧蔵　大正名器鑑所載

帛紗　唐物毛織

茶杓　千利休　共筒　仙叟添書　原叟・一燈・認得斎・淡々斎箱

建水　木地曲

蓋置　青竹引切

茶　幾久昔　中沢松籟園

菓子　峯紅葉

松屋常盤製

昭和五十一年（一九七六）九月六日、七日

玄々斎精中宗室居士百回忌・無限斎碩叟宗室居士十三回忌茶会

於　大徳寺如意庵

主　松下名次庵

濃茶席

待合

床

松花堂昭乗　普化禅師像　沢庵宗彭賛

きくやいかにふれともさらにならぬこそ　実の鈴のまさねなりけれ

香合　名物 唐物青貝　念珠布袋　石州箱　貞芳箱
石州所持
益田鈍翁旧蔵

本席

床　藤原行成　伊予切　益田鈍翁箱
うつらなくいはれの乃へのあきはきを　おもふひとともみつるけふかな

花　葛　白雲木　紫陽花

花入　南蛮砂張釣舟　銘茜屋舟　信長公―天王寺屋五兵衛―広岡久右衛門―戸田露吟伝来
藤田香雪旧蔵

釜　古芦屋　菊垣地紋

風炉　黒土　宗四郎作　共箱　利休文添
酒井家伝来
益田鈍翁旧蔵

板　荒目　道恵作

水指　南蛮 縄簾　不昧箱

雲州蔵帳所載

茶入　中興名物 銘秋の夜　瀬戸広沢手　遠州・権十郎・宗友箱

から人のみちをそおもふ山科の　こわたの里の秋の夜の月

仕覆　相良間道　大内白地金襴　金寿金入緞子　間道東山裂

茶杓　千道安　泰叟筒　竺叟箱・鵬雲斎家元外箱

茶碗　鼠志野　橋の絵

帛紗　首座裂

蓋置　青竹引切

建水　木地曲

茶　幾久昔

中沢松籟園詰

菓子　岩もる水

鶴屋吉信製

昭和五十五年(一九八〇)九月七日、八日

無限斎碩叟居士十七回忌報恩茶会

於大徳寺如意庵

主松下名次庵

濃茶席

待合

床　松花堂昭乗　布袋図　江月宗玩賛　小堀大膳箱　本屋了雲外箱

香合　唐物堆朱　十六羅漢

炭斗　時代竹組　底四方

火箸　鉄 象嵌 長角頭 徳元在銘

鈦　鉄 素張虫喰 明珍宗介在銘

釜敷　時代籐組

灰器　雲華 宗品作

灰匙　唐物七宝

本席

床　重要文化財
霊石如芝 墨蹟　鴻池家伝来
玉室外題点字奥書 江月・遠州添状 万仭外箱 南禅寺伝長老極 玉舟奥書

花　白雲木 白木槿

花入　古銅六角 牛耳 銘雁 江月色紙 江月より遠州へ 遠州箱　松平周防守家伝来
根津青山旧蔵

薄板　時代黒矢筈　益田鈍翁旧蔵

釜　古天命　文字入

風炉　土　宗筌作

敷板　荒目　道恵作

水指　絵志野　手付　共蓋

茶入　中興名物　銘三笠山　瀬戸飛鳥川手　舟越伊予守箱文添　肥前島原侯松平主殿頭家伝来　大正名器鑑所載

仕覆　舟越間道　白茶地花兎文　渦文緞子

茶杓　千利休　宗旦筒　仙叟替筒　共箱　了々斎・鵬雲斎家元箱　今日庵伝来

茶碗　名物手大井戸　銘常夏　不昧箱(30)

蓋置　青竹引切

建水　木地曲

昭和五十八年（一九八三）五月二十三日、二十四日

坐忘斎玄默宗之若宗匠格式披露祝賀記念茶会

於平安神宮澄心亭
主 松下名次庵

濃茶席

待合

床
松花堂昭乗 撫子図 沢庵宗彭賛
なにかこのめくみのほかにあめをちち つちをははとてなてしこのはな
宗和好表具
宗和箱

香合
堆黒 林和靖
鴻池家伝来(31)

炭斗　唐物籠　竹組　底四方　宗旦在判　仙叟絵図箱　淡々斎外箱

火箸　鉄　象嵌　長角頭　徳元在銘

釻　珠光自作　鉄　紹鷗──利休伝来

大心和尚・玄々斎巻物添　大心和尚・玄々斎・鵬雲斎家元箱

羽箒　白鶴　玄々斎・淡々斎・鵬雲斎家元箱

釜敷　紅白紙

灰器　雲華　宗品作

灰匙　唐物　四方

本席

床　大燈国師　墨蹟　日山号　利休所持　溝口家伝来

利休好表具 一風 紫地印金 中 茶地印金 上下 浅黄無地北絹
利休箱 甲・内・底三ヶ所あり
大林・玉舟外題 遠州・舟越伊予守・仙叟・伝心文添

花　万作 忍冬

花入　古伊賀 耳付

薄板　松山城天守閣古材　淡々斎箱

釜　古芦屋 霰重餅

風炉　黒土 宗四郎作 共箱 利休文添

酒井家伝来
益田鈍翁旧蔵

板　荒目

水指　南蛮 縄簾　不昧箱　雲州蔵帳所載

茶入　名物 銘浅野文琳 唐物 唐物盆添　浅野家伝来

仕覆　笹蔓緞子　青木間道　相良間道

茶杓　千利休　宗旦筒　仙叟替筒箱　共箱　了々斎・鵬雲斎家元箱　今日庵伝来

茶碗　鼠志野　銘無双の若者力丸　藪内竹翁箱

出帛紗　首座裂

蓋置　青竹引切

建水　木地

茶　松寿の昔　松風園詰

菓子　千代の栄　亀末廣製

器　瓢透縁高

昭和六十一年（一九八六）九月六日、七日、八日

無限斎碩叟宗室居士・清香院妙嘉大姉報恩茶会

於大徳寺如意庵
主松下名次庵

濃茶席

待合

床　清巌宗渭　一行　空是色

香合　唐物堆朱　十六羅漢

炭　斗　　時代竹組　栗籠　　玄々斎箱

羽　箒　　時代野雁

火　箸　　鉄　象嵌　長角頭　徳元在銘

鐶　　　　鉄　常張　釜添

釜　敷　　時代籐組

灰　器　　雲華　宗品作

灰　匙　　唐物　七宝

煙草盆　　虫籠　一閑作

火　入　　呉須冠手

煙草入　　唐物独楽

煙　管　　淡々斎好　銀杏彫

本席

床　小野道風　継色紙　大聖寺藩前田家・三井家伝来
よのなかはかくこそありけれふくかせの　めに見ぬ人はこひしかりけり

花入　大名物　唐物古銅桃尻　天下三器ノ内　志野宗信―三好越前―一渓道三―鴻池家伝来
唐物黒盆添　内箱貼紙鴻池道億筆同所持

釜　古天猫　文字入　ふどうみやうわうきしんしたてまつる　かまや太良吉　益田鈍翁旧蔵

風炉　黒道安形　土　了全作

水指　重要文化財　古伊賀　擂座　銘破袋　説田鶴山旧蔵

茶入　中興名物　銘三笠山　瀬戸飛鳥川手　舟越伊予守箱同文添　肥前島原侯松平主殿頭家伝来
大正名器鑑所載

仕覆　舟越間道　白茶地花兎文　渦文緞子　蓋四つ

茶杓　織田有楽　共筒　仙叟替筒　原叟・淡々斎箱

茶碗　彫三島　五段彫

蓋置　青竹引切

建水　木地曲

菓子　くず焼　亀末廣製

器　縁高

註

（1）『京華 創立百周年記念』（京都美術倶楽部、平成二十年）五二頁
（2）『京華 創立七十周年記念』（善田一雄編、京都美術倶楽部、昭和五十三年）三七、前掲『京華 創立百周年記念』一一二頁
（3）前掲『京華 創立七十周年記念』六、前掲『京華 創立百周年記念』二四頁、『香雪斎蔵品展観図録』（大阪美術倶楽部、昭和九年）一四
（4）前掲『京華 創立百周年記念』二八四頁
（5）昭和三十五年重要文化財指定。前掲『京華 創立百周年記念』一九八頁
（6）『大正名器鑑 第四篇下』（高橋義雄編、大正名器鑑編纂所、大正十二年）一七頁、『松平子爵（主殿頭）家御蔵品入札』（東京美術倶楽部、大正七年）四六
（7）前掲『京華 創立七十周年記念』七七
（8）前掲『京華 創立百周年記念』二七八頁
（9）『大正名器鑑 第二篇』（高橋義雄編、大正名器鑑編纂所、大正十一年）七頁、前掲『京華 創立百周年記念』二八八頁
（10）前掲『京華 創立七十周年記念』一一二
（11）『鴻池男爵家蔵品展覧目録』（大阪美術倶楽部・東京美術倶楽部、昭和十五年）一八二
（12）前掲『京華 創立七十周年記念』三八、『益田信世氏所蔵品入札』（東京美術倶楽部、大正十三年）二九六（字目録）
（13）『松平大和守御蔵品入札』（東京美術倶楽部、大正八年）一八
（14）前掲『京華 創立七十周年記念』八九、前掲『京華 創立百周年記念』二八六頁

(15)『大谷家（大谷派本願寺）旧御蔵品第一回入札』（京都枳殻御殿、明治四十二年）九四八（字目録）か

(16)『武州行田百花潭大沢家蔵品展観』（東京美術倶楽部、昭和三年）三七

(17)前掲『鴻池男爵家蔵品展覧目録』一一、前掲『京華 創立百周年記念』四四頁

(18)前掲『京華 創立百周年記念』二八〇頁

(19)前掲『京華 創立七十周年記念』九一

(20)『大正名器鑑 第四篇上』（高橋義雄編、大正名器鑑編纂所、大正十一年）七七頁、『赤星家所蔵品入札』（東京美術倶楽部、大正六年）八一、『本入札』（大阪美術倶楽部、昭和四年、田村市郎家の売立）一八三

(21)『前田侯爵家御蔵器入札目録』（東京前田侯爵邸、大正十四年）二九五

(22)前掲『京華 創立百周年記念』一一六頁

(23)前掲『京華 創立七十周年記念』九四

(24)『京華 創立七十周年記念』三三、『兵庫柏木氏蔵品第一回入札』（大阪美術倶楽部、大正二年）九

(25)前掲『京華 創立百周年記念』九〇頁

(26)前掲『大正名器鑑 第四篇下』三七頁、前掲『京華 創立百周年記念』一二四頁、『松浦伯爵家並某家蔵器展観入札』（東京美術倶楽部、昭和九年）五八

(27)『京華 創立七十周年記念』七六

(28)『京華 創立七十周年記念』八三

(29)前掲『京華 創立七十周年記念』一一一、前掲『益田信世氏所蔵品入札』三三六（字目録）

(30)前掲『京華 創立七十周年記念』四九、前掲『京華 創立百周年記念』一二八頁

（31）前掲『京華 創立七十周年記念』四〇

※本項茶会記の作成に際しては、光悦会および裏千家の茶会のみ収録した。光悦会刊『光悦会の歩み』（昭和五十六年）や、淡交社刊『淡交』（昭和三十八年十二月号・昭和四十年十月号・昭和四十一年二月号・昭和四十一年六月号・昭和五十一年十一月号・昭和五十五年十一月号・昭和五十八年七月号・昭和六十一年十一月号）、ならびにその他の資史料を参照し、宮帯出版社編集部にて校訂を加えた。

松下幸之助寄贈の全茶室

カラー写真は口絵参照。

	名称	所在	竣工年月（年は昭和）	茶室建築施工者	造園者	間取り 小間	広間	立礼	坪数
①	松　庵	京都美術倶楽部（京都市東山区）※1	37年3月	丸富工務店	川崎幸次郎	四畳半台目			
②	芦鶴庵	岡公園（和歌山県和歌山市）	38年3月	丸富工務店	（不明）	四畳半	十畳		
③	真松庵	高野山金剛峯寺（和歌山県高野町）	40年3月	丸富工務店	川崎幸次郎	四畳半	八畳		
④	智松庵	辯天宗冥應寺（大阪府茨木市）	40年11月	中村外二工務店	川崎幸次郎	四畳半	八畳		32
⑤	宝松庵	国立京都国際会館（京都市左京区）	42年11月	中村外二工務店	川崎幸次郎	三畳台目向板	十畳	○	38
⑥	松寿庵	中尊寺（岩手県平泉町）	43年5月	中村外二工務店	岩城造園	四畳半台目		○	28
⑦	豊松庵	大阪城西の丸庭園（大阪市中央区）	44年12月	中村外二工務店	川崎幸次郎	四畳半	十畳台目	○	65
⑧	和松庵	四天王寺（大阪市天王寺区）	45年11月	中村外二工務店	川崎幸次郎		十畳	○	35
⑨	廣知庵	ホテルプラザ（大阪市北区）※2 五階	48年	中村外二工務店	（外露地なし）		六畳		11
⑩	紅松庵	和歌山城紅葉渓庭園（和歌山県和歌山市）	49年5月	中村外二工務店	川崎幸次郎		十畳	○	41
⑪	鈴松庵	椿大神社（三重県鈴鹿市）	51年3月	石間工務店	岩城造園	三畳台目	十畳	○	
⑫	松籟庵	追手門学院大学（大阪府茨木市）	51年3月	松尾茶室	古橋辰男		六畳・八畳		
⑬	和幸庵	辯天宗如意寺（奈良県五條市）	51年5月	中村外二工務店	川崎幸次郎	四畳半	八畳		20
⑭	峯松庵	古峯神社（栃木県鹿沼市）	53年11月	石間工務店	岩城造園	四畳半	十畳	○	
⑮	壽　月	伊勢神宮（三重県伊勢市）	60年4月	中村外二工務店	岩城造園	四畳半	九畳・十畳		107

※1　昭和47年に社屋建て替えにともない解体された。　※2　平成5年3月廃業、茶室は11年に解体された。

①京都美術倶楽部の「松庵」外観（昭和47年解体、京都美術倶楽部 提供）

②岡公園（和歌山市）の「芦鶴庵」室内（和歌山市提供）

③高野山金剛峯寺の「真松庵」室内（『茶室集録』より転載）

③「真松庵」室内（『茶室集録』より転載）

④辯天宗冥應寺（大阪府茨木市）の「智松庵」外観（『茶室集録』より転載）

④「智松庵」室内（『茶室集録』より転載）

④「智松庵」室内(『茶室集録』より転載)

⑤国立京都国際会館の「宝松庵」室内(『茶室集録』より転載)

⑥中尊寺（岩手県平泉町）の「松寿庵」室内（中尊寺 提供）

⑦大阪城西の丸庭園の「豊松庵」外観（大阪城パークセンター 提供）

⑦「豊松庵」室内（『茶室集録』より転載）

⑦「豊松庵」室内（『茶室集録』より転載）

⑧**四天王寺**（大阪市）**の「和松庵」外観**（四天王寺 提供）

⑧**「和松庵」室内**（同上 提供）

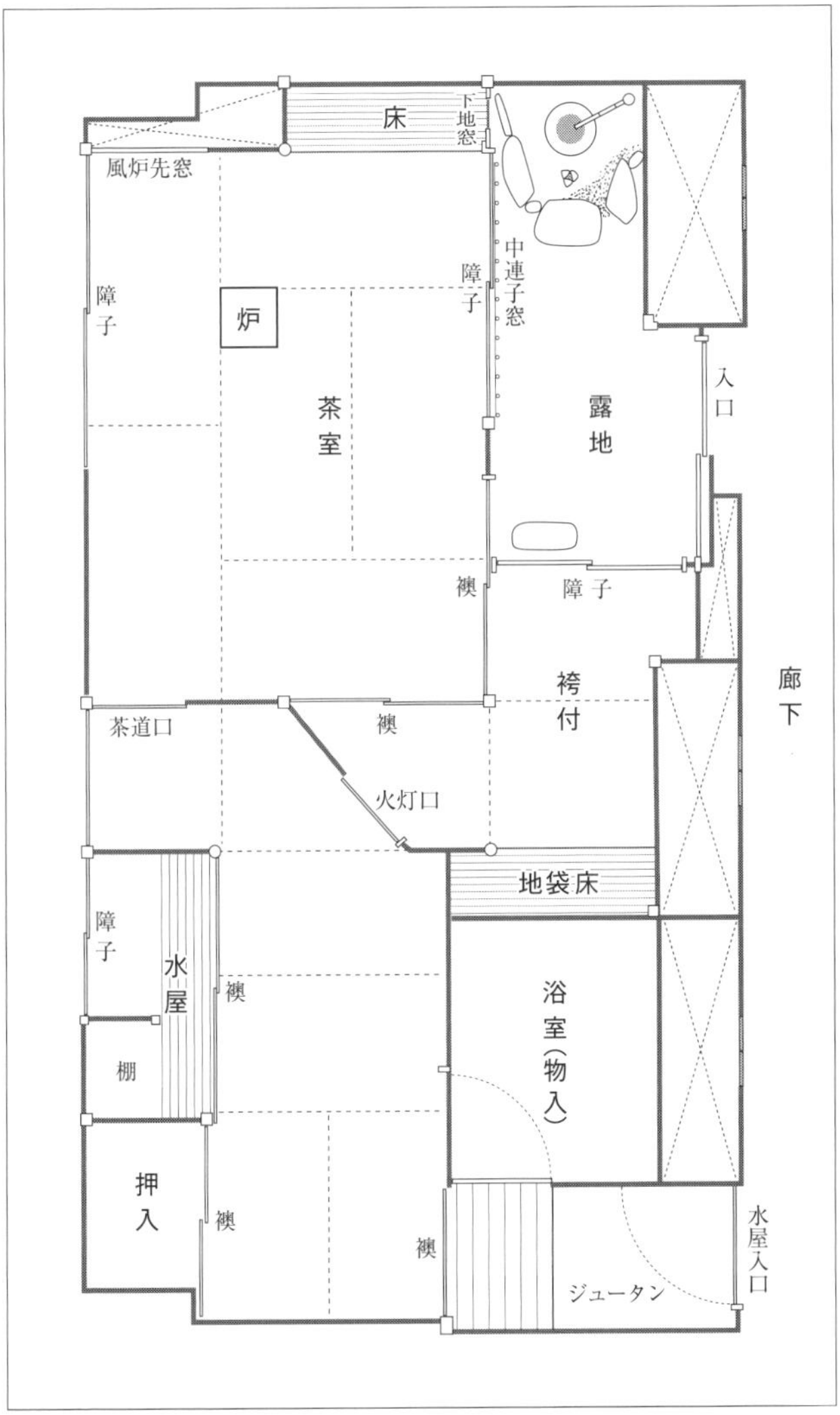

⑨ホテルプラザ(大阪市)の「廣知庵」扁額(上)と平面図
(中村外二工務店所有の図面を元に作図)

⑨「廣知庵」があったホテルプラザ 外観

⑩和歌山城紅葉渓庭園の「紅松庵」室内（『茶室集録』より転載）

⑪ **椿大神社**（三重県鈴鹿市）**の「鈴松庵」室内**（椿大神社 提供）

⑫ **追手門学院大学**（大阪府茨木市）**の「松籟庵」室内**

⑬**辯天宗如意寺**（奈良県五條市）**の「和幸庵」板額**
（幸之助筆、辯天宗提供）

⑬**「和幸庵」外観**（同上提供）

⑭**古峯神社の「峯松庵」板額**（幸之助筆、古峯神社提供）

⑭**「峯松庵」外観**（同上提供）

⑭「峯松庵」室内（古峯神社 提供）

⑮ 伊勢神宮の「霽月」外観（神宮司庁 提供）

松下幸之助 略年譜

和暦	西暦	年齢	個人・経営者として	茶人として
明治27年	1894		十一月二十七日、和歌山県海草郡和佐村字千旦ノ木（現和歌山市祢宜）に、小地主松下政楠・とく枝の三男五女の末子として生まれる	
明治32年	1899	4	父が米相場で失敗して破産、一家で和歌山市本町一丁目に転居	
明治37年	1904	9	小学校を四年で中退し、単身大阪の商家に丁稚奉公に出る	
明治43年	1910	15	電気事業にあこがれ大阪電燈㈱に内線見習い工として入社	
大正4年	1915	20	井植むめのと結婚	
大正6年	1917	22	大阪電燈㈱を退社し、大阪猪飼野の借家でソケットの製造販売を始める	
大正7年	1918	23	大阪市北区（現福島区）大開町で松下電気器具製作所を開設。改良アタッチメントプラグ、二灯用差し込みプラグを考案、製造販売を始める	
大正12年	1923	28	砲弾型電池式自転車ランプを考案発売	
昭和2年	1927	32	電熱部門を設置して電気アイロン、ストーブ等の製造販売を開始 角型ランプに初めてナショナル商標を使用	

昭和4年	1929	34	社名を松下電器製作所と改称 綱領・信条を制定し、松下電器の基本方針を明示する この年、世界的恐慌となったが、従業員を解雇することなく不況を乗り切る	
昭和6年	1931	36	初荷を全社行事として開始 自社で開発したラジオ受信機が東京中央放送局（NHKの前身）のコンテストで一等に当選	
昭和7年	1932	37	五月五日を創業記念日に制定し、第一回創業記念式典を挙行、産業人としての使命を闡明《せんめい》	
昭和8年	1933	38	事業部制、朝夕会を実施 松下電器の遵守すべき五精神（後に七精神となる）を制定、事業の本拠を門真に移す	
昭和9年	1934	39	松下電器店員養成所を開校	
昭和10年	1935	40	松下電器製作所を株式会社組織とし、松下電器産業㈱とする	
昭和12年	1937	42		枚方の田中車輛社長田中太介氏の邸宅「萬里荘」においてお茶と出会う
昭和14年	1939	44		西宮の自宅の茶室「光雲」に淡々斎夫妻を招き茶席披きをする
昭和15年	1940	45	第一回経営方針発表会を開催（以後毎年開催）	
昭和18年	1943	48	軍の要請で松下造船㈱、松下飛行機㈱を設立	
昭和20年	1945	50	終戦。その翌日、幹部社員を集め、平和産業への復帰を通じての祖国の再建を呼び掛ける	引退を決意し、号を「陽洲」とする

昭和21年	1946	51	松下電器及び松下幸之助がGHQから財閥家族の指定、公職追放等七つの制限を受ける 全国代理店、松下労働組合が公職追放除外嘆願運動を展開 PHP研究所を設立、所長に就任	
昭和22年	1947	52		萬里荘にてPHP昂揚国民文化大茶会開催
昭和25年	1950	55	財閥指定をはじめ諸制限の解除によって事情は好転、経営も危機を脱する PHPの研究活動を一時中断（昭和36年まで）	
昭和26年	1951	56	第一回、第二回欧米視察	渡米中の鵬雲斎若宗匠に偶然二度会う
昭和27年	1952	57	真の民主主義を日本に根づかせるために新政治経済研究会を発足 渡欧、オランダのフィリップス社との技術提携成立。松下電子工業㈱設立	自宅名次庵（西宮市）に茶室を建設
昭和28年	1953	58	『PHPのことば』刊行	
昭和30年	1955	60	所得番付一位になる	
昭和31年	1956	61	経営方針発表会で五ヶ年計画を発表	
昭和33年	1958	63		裏千家老分となる。「宗晃」の茶名を名乗る
昭和34年	1959	64		光悦会（於光悦寺）に濃茶席掛釜（十一月十二〜十三日）
昭和35年	1960	65	経営方針発表会で五年後における週休二日制の実施を発表	
昭和36年	1961	66	松下電器産業㈱の社長を退き、会長に就任 和歌山県名誉市民になる 真々庵でPHPの研究活動を再開	京都南禅寺の別邸 真々庵を購入、改修。改修にあたり、茶室・書院を嵐山吉兆に移築

昭和37年	1962	67	『タイム』誌のカバーストーリーで世界に紹介される	松永安左ヱ門（耳庵）、立花大亀和尚などを真々庵に招待しお茶を楽しむ 淡々斎を中心に「青松会」を開く（昭和39年まで五回開催） 京都美術倶楽部に茶室「松庵」を寄贈
昭和38年	1963	68		真々庵に裏千家今日庵写しの茶室「真々」を完成、淡々斎により茶席披き 岡公園に茶室「芦鶴庵」を寄贈 少庵三五〇回忌大茶会（於大徳寺）に濃茶席掛釜（十月二十六～二十七日）
昭和39年	1964	69	熱海で全国販売会社、代理店社長懇談会を開催、会長でありながら病気療養中の営業本部長代行として改革の指揮に当たる アメリカの『ライフ』誌が松下幸之助とその事業について特集	淡々斎が亡くなり、葬儀委員長を務める
昭和40年	1965	70	中村外二工務店が松下電器本社（門真市）に会長室（二〇坪）を施工	労働組合に所属する社員全員が費用を出し合い、ノンコウ（三代楽道入）の茶碗を幸之助に贈る 真々庵で鵬雲斎を囲んで「青雲会」を開催 高野山金剛峯寺に茶室「真松庵」を寄贈 冥應寺（辯天宗）に茶室「智松庵」を寄贈 無限斎碩叟居士一周忌大茶会（於大徳寺）に濃茶席掛釜（九月六～七日） 光悦会（於光悦寺）に濃茶席掛釜（十一月十一～十三日） 北野神社大献茶副席（於北野天満宮）に濃茶席掛釜（十二月一日）

昭和41年	1966	71		淡交（於寒相院）に濃茶席掛釜（三月） 裏千家十五世家元継承記念茶会（於平安神宮）に薄茶席掛釜（五月七～九日）
昭和42年	1967	72	公正取引委員会から再販問題で勧告を受けるが、これを拒否する	国立京都国際会館に茶室「宝松庵」寄贈
昭和43年	1968	73	『道をひらく』刊行、四五〇万部を超えるロングベストセラーになる 「〝廃県置州〟で新たな繁栄を」というテーマで地域主権論を展開	中尊寺に茶室「松寿庵」を寄贈
昭和44年	1969	74		大阪城西の丸庭園に茶室「豊松庵」を寄贈
昭和45年	1970	75	大阪で行われた日本万国博覧会に松下館を出展。タイムカプセル展示 松下電器商学院（現松下幸之助商学院）を設立	大阪万博に出展した松下館の茶室「万松庵」（中村外二工務店施工、八〇坪）で呈茶 四天王寺に茶室「和松庵」を寄贈
昭和46年	1971	76	㈶明日香保存財団初代理事長に就任	光悦会（於光悦寺）に濃茶席掛釜（十一月十一～十三日）
昭和47年	1972	77	人間は万物の王者としての偉大な天命を持つと説く『人間を考える』を刊行	
昭和48年	1973	78	『商売心得帖』刊行 松下電器会長を退き、相談役に就任	ホテルプラザに茶室「廣知庵」を寄贈
昭和49年	1974	79	奈良県明日香村名誉村民となる 伊勢神宮崇敬会会長に就任 『経営心得帖』『崩れゆく日本をどう救うか』を刊行	中村外二工務店が名次庵に茶室（三〇坪）を施工 和歌山城紅葉渓庭園に茶室「紅松庵」を寄贈
昭和50年	1975	80	『指導者の条件』刊行	光悦会（於 光悦寺）に濃茶席掛釜（十一月十一～十三日）

昭和51年	1976	81	『新国土創成論』を刊行	椿大神社に茶室「鈴松庵」を寄贈 追手門学院大学に茶室「松籟庵」を寄贈 如意寺（辯天宗）に茶室「和幸庵」を寄贈 玄々斎精中宗室居士百回忌・無限斎碩叟宗室居士十三回忌茶会（於大徳寺）に濃茶席掛釜（九月六～七日）
昭和52年	1977	82	PHP研究所創設三十周年記念として『私の夢・日本の夢　二十一世紀の日本』を刊行 『政治を見直そう』『人事万華鏡』を刊行	
昭和53年	1978	83	『続・道をひらく』『実践経営哲学』を刊行 『VOICE』誌で無税国家論を展開	古峯神社に茶室「峯松庵」を寄贈
昭和54年	1979	84	和歌山県の名誉県民となる 私財を投じて㈶松下政経塾を設立。理事長兼塾長に就任	山本一夫が真々庵立礼席（四・五坪）を施工
昭和55年	1980	85	松下政経塾入塾式挙行	無限斎碩叟居士十七回忌報恩茶会（於大徳寺）に濃茶席掛釜（九月七～八日）
昭和56年	1981	86	勲一等旭日大綬章を受章 『社員心得帖』刊行	
昭和57年	1982	87	『日本と日本人について』を刊行	
昭和58年	1983	88	国際社長大学（YPO）で講演 世界を考える京都座会発足。座長に就任 『折々の記』を刊行	坐忘斎玄默宗之若宗匠格式披露祝賀記念茶会（於平安神宮・有楽荘）に濃茶席掛釜（五月二十三～二十四日）
昭和59年	1984	89	『人生心得帖』を刊行	
昭和60年	1985	90		伊勢神宮に茶室「霽月」を寄贈

昭和61年	1986	91		無限斎碩叟宗室居士・清香院妙嘉大姉報恩茶会（於大徳寺）に濃茶席掛釜（九月六〜八日）
昭和62年	1987	92	勲一等旭日桐花大綬章を受章	
平成元年	1989	94	四月二十七日、気管支炎のため松下記念病院において死去、享年九十四歳	

＊年齢はその年の誕生日（十一月二十七日）までの歳

松下幸之助関連の施設情報

パナソニックミュージアム

より良いくらし、より良い社会を追い求め続けたパナソニック創業者・松下幸之助。パナソニックミュージアムは、その高い志、そして、それを受け継ぎ、数々の製品や技術を生み出してきた、数多の後進の熱き思い、パナソニックの“心”を未来に伝承したいという思いから、2018年に開設した、広く皆様に開かれたミュージアムである。松下幸之助の経営観、人生観に触れられる「松下幸之助歴史館」、パナソニックのものづくりのDNAを探る「ものづくりイズム館」、「さくら広場」で構成されている。

開館時間：午前9時～午後5時（開館時間は変更になる場合があります）

休館日：日曜日、年末年始

入館料：無料

所在地：大阪府門真市大字門真1006　☎06-6906-0106

パナソニック汐留ミュージアム

松下電工（当時）が1990年代末より社会貢献の一環として収集・所蔵してきた20世紀フランスを代表する画家ジョルジュ・ルオー（1871～1958）の油彩・版画作品を広く人々が鑑賞することを目的に、2003年4月東京本社ビルの建設を機に本ビル4階に開館。初期から晩年までの油彩画や代表的な版画作品などを中心としたルオー・コレクションは現在約230点で、これらの作品を館内「ルオー・ギャラリー」で常設展示しているほか、ルオーに関連する企画展も随時開催。また、パナソニックの事業と関わりの深い「建築・住まい」「工芸・デザイン」「著名作家」をテーマとする企画展も開催し、私たちの暮らしを豊かにする「人と空間」「人と“もの”」との新しい関係を探り、提案している。

開館時間：午前10時～午後6時（入館は午後5時30分まで）

休館日：水曜日（祝日・祭日は開館。展覧会によって水曜日が開館になる場合があります）、展示替期間、年末年始

入館料：一般1,000円（企画展）

所在地：東京都港区東新橋1-5-1 パナソニック東京汐留ビル4階　☎03-5777-8600

松下資料館

パナソニックグループ創業者でPHP研究所の創設者でもある松下幸之助の生誕100年を記念して1994年5月に開館。松下幸之助が理想とした人間としての生き方、人生の考え方、企業経営のあり方、そして国家社会・世界の展望にいたる幅広い内容を、著作や映像、グラフィックパネル等を用いて展示している。

来館の申し込み方法：電話による事前予約制　☎075-661-6640

受付時間：午前9時30分～午後4時30分

※来館希望の日時、人数、グループ・団体の構成内容、講話の有無、講話テーマ等を、松下資料館スタッフに伝える。ホームページまたはFAXで所定のフォーマットにて申し込むことも可能。

開館時間：午前9時30分～午後5時（入館は午後4時30分まで）

休館日：第一土曜日以外の土曜日、日曜日、祝日および資料館が別途定めた日
※第一土曜日が祝日にあたる場合は休館

入館料：無料

所在地：京都市南区西九条北ノ内町11番地 PHPビル3階　☎075-661-6640

（施設の公式サイトより）

〔著者紹介〕

谷口全平（たにぐち ぜんぺい）

1940年、京都市生まれ。慶應義塾大学経済学部卒業。松下電器産業入社、同11月PHP研究所に出向。出版部長、『PHP』編集長、第一研究本部、社会活動本部担当取締役、研究顧問、追手門学院大学非常勤講師等を歴任。その間、松下幸之助から直接指導を受ける。また、松下幸之助の研究、『松下幸之助発言集』（全45巻）の編纂、松下資料館展示室「松下幸之助経営の道」の総合プロデュースなどを行う。著書に『松下幸之助・運をひらく言葉』『松下幸之助・人生をひらく言葉』等がある。PHP研究所客員、松下社会科学振興財団評議員。

徳田樹彦（とくだ ただひこ）

1945年高松市生まれ。京都工芸繊維大学意匠工芸学科卒業。松下電器産業入社。DAS毎日金の卵賞受賞。テレビ本部、システムプランニングセンター、ネットワーク事業推進本部を経て、2000〜2007年真々庵苑長。国立民族学博物館情報展示システム設計、神戸ファッション美術館提案コンペなどを行う。1964年裏千家入門、現在教授。「消息を読む会」事務局を主宰。茶室「碧窓庵」主宰。

宮帯茶人ブックレット

松下 幸之助

―― 茶人・哲学者として ――

2018年4月27日（松下幸之助三十回忌・パナソニック創業百周年） 第1刷発行

著　者　谷口全平・徳田樹彦

発行者　宮下玄覇

発行所　株式会社宮帯出版社

京都本社 〒602-8488
京都市上京区真倉町739-1
電話 075-441-7747（営業） 075-441-7722（編集）

東京支社 〒160-0016
東京都新宿区信濃町1
電話 03-3355-5555
http://www.miyaobi.com
振替口座 00960-7-279886

印刷所　モリモト印刷株式会社

定価はカバーに表示してあります。落丁・乱丁本はお取替えいたします。

 ISBN978-4-86366-845-4 C0023